NIEDERLANDE
Schiermonnikoog
Ameland
Terschelling
Vlieland
Texel
Delfzijl
Dokkum
Leeuwarden
GRONINGEN
Harlingen
Assen
Heerenveen
Den Helder
Emmeloord
Ijsselmeer
Emmen
Hoogeveen
Enkhuizen
NORDSEE
Alkmaar
Velsen
Edam
Zwolle
Almelo
Deventer
AMSTERDAM
LEIDEN
HILVERSUM
APELDOORN
ENSCHEDE
DEN HAAG
UTRECHT
ARNHEIM
Delft
ROTTERDAM
NIJMEGEN
BR DEUTSCHL
Den Bosch
TILBURG
BREDA
Vlissingen
EINDHOVEN
Venlo
Roermond
BELGIEN
0
km
30
N

D1573575

# Was Sie beim Gebrauch dieses Buches wissen sollten

Bücher der Serie „Nützliche Reisetips von A-Z" bieten Ihnen eine Vielzahl von handfesten Informationen. In alphabetischer Reihenfolge klar gegliedert finden Sie die wichtigsten Hinweise für Ihre Urlaubsreise. Querverweise erleichtern die Orientierung, so daß man, auch wenn das Stichwort, beispielsweise „Ferienwohnungen", nicht näher beschrieben wird, jederzeit das ausführlich behandelte Stichwort findet, hier: „Unterkunft".
Auf thematisch verwandte Stichworte wird ebenfalls häufig verwiesen. Z.B. unter dem Stichwort „Medikamente" sind folgende Verweise aufgeführt: „ärztliche Versorgung", „Reiseapotheke", „Apotheken", „Impfungen".
Mit Reiseführern der Serie „Nützliche Reisetips von A-Z" beginnt die umfassende Information bereits vor Antritt Ihrer Urlaubsreise. So erfahren Sie alles von Anreise über Dokumente und Kartenmaterial bis zu Zollbestimmungen. Das Reisen im Land wird erleichtert durch umfassende Darstellung der öffentlichen Verkehrsmittel, Autoverleihe sowie durch viele praktische Tips von der ärztlichen Versorgung bis zu den (deutschsprachigen) Zeitungen im Urlaubsland.
Die Städtebeschreibungen, die ebenfalls alphabetisch geordnet sind, enthalten die wichtigsten Fakten über die jeweilige Stadt, deren Geschichte sowie eine Beschreibung der Sehenswürdigkeiten. Zusätzlich enthalten die Städte-Kapitel eine Fülle an praktischen Tips – von Einkaufsmöglichkeiten, Restaurants, Unterkünften bis zu den wichtigsten Adressen vor Ort.
Doch auch das Hintergrundwissen für die Reise kommt in dieser Serie nicht zu kurz. Wissenswertes über die Bevölkerung und ihre Kultur findet sich ebenso wie die Geographie, die Geschichte, die aktuelle politische Lage und die wirtschaftliche Situation des Landes.

# Nützliche Reisetips von A – Z

# NIEDERLANDE

**1988
Hayit Verlag Köln**

**CIP-Kurztitelaufnahme der Deutschen Bibliothek**
**Kissels, Hans-Ulrich:**
Niederlande / [Hans-Ulrich Kissels]. – Köln : Hayit, 1988.
  (Nützliche Reisetips von A – Z)
  ISBN 3-89210-131-0

1. Auflage 1986
2. überarb. u. aktualis. Auflage 1988
ISBN 3-89210-131-0

© copyright 1988, Hayit Verlag GmbH, Köln
Autor: Hans-Ulrich Kissels
Satz: Hayit Verlag GmbH, Köln
Druck: Fuldaer Verlagsanstalt, Fulda
Umschlag: Uwe Turek
Fotos: Niederländisches Fremdenverkehrsamt, Köln

Alle Rechte vorbehalten    All rights reserved
Printed in Germany

# Inhalt

## Ortsverzeichnis

| | |
|---|---|
| Alkmaar | 6 |
| Ameland | 8 |
| Amersfoort | 9 |
| Amsterdam | 10 |
| Apeldoorn | 18 |
| Arnheim | 21 |
| Baarn | 23 |
| Bergen an Zee | 23 |
| Bergen op Zoom | 24 |
| Beverwijk | 26 |
| Breda | 27 |
| Breskens | 28 |
| Bunschoten-Spakenburg | 29 |
| Bussum | 29 |
| Cadzand | 29 |
| Camperduin | 31 |
| Castricum | 31 |
| Colynsplaat | 31 |
| Delft | 31 |
| Den Bosch | 33 |
| Den Haag | 33 |
| Deventer | 36 |
| Domburg | 40 |
| Egmond | 41 |
| Eindhoven | 41 |
| Enkhuizen | 45 |
| Enschede | 46 |
| Goes | 54 |
| Gouda | 56 |
| Groningen | 57 |
| Haarlem | 61 |
| Heerlen | 63 |
| Hengelo | 65 |
| s'Hertogenbosch | 66 |
| Hilversum | 67 |
| Kinderdijk | 69 |
| Kamperland | 69 |
| Kats | 69 |
| Kortgene | 70 |
| Leeuwarden | 71 |
| Leiden | 73 |
| Lelystad | 75 |
| Maastricht | 77 |
| Middelburg | 79 |
| Muiden | 81 |
| Naarden | 81 |
| Nijmegen | 82 |
| Retranchement | 87 |
| Roermond | 87 |
| Roosendaal | 89 |
| Rotterdam | 90 |
| Scheveningen | 94 |
| Schiermonnikoog | 95 |
| s'Gravenhage | 96 |
| Sluis | 96 |
| Sneek | 97 |
| Terneuzen | 101 |
| Terschelling | 102 |
| Texel | 103 |
| Tilburg | 104 |
| Utrecht | 108 |
| Valkenburg | 110 |
| Veere | 112 |
| Venlo | 114 |
| Venray | 116 |
| Vlieland | 117 |
| Vlissingen | 117 |
| Vrouwenpolder | 118 |
| Westkapelle | 119 |
| Zandvoort | 119 |
| Zeist | 120 |
| Zierikzee | 122 |
| Zoutelande | 125 |
| Zuiderzeemuseum | 125 |
| Zwolle | 125 |

## Allgemeine praktische Informationen

| | |
|---|---|
| Ärztliche Versorgung | 6 |
| Anreise | 18 |
| Apotheken | 20 |
| Auskunft | 22 |
| Ausweispapiere | 22 |
| Autobahngebühren | 22 |
| Automobilclubs | 22 |
| Autovermietung | 22 |
| Bahnverbindungen | 23 |
| Benzin | 23 |
| Bevölkerung | 26 |
| Botschaften | 26 |
| Busverbindungen | 29 |
| Camping | 30 |
| Diebstahl | 38 |
| Dokumente | 38 |
| Einkaufen | 44 |
| Einreise | 45 |
| Ermäßigungen | 49 |
| Essen und Trinken | 49 |
| Fähren | 50 |
| Feiertage und Feste | 50 |
| Ferienwohnungen | 50 |
| FKK | 50 |
| Flug | 50 |
| Folklore | 50 |
| Führerschein | 52 |
| Geld | 52 |
| Geographie | 52 |
| Geschichte | 52 |
| Geschwindigkeitsbeschränkungen | 53 |
| Getränke | 53 |
| Jugendherbergen | 69 |
| Karten | 69 |
| Kinder | 69 |
| Klima | 69 |
| Konsulate | 69 |
| Krankenhäuser | 70 |
| Kriminalität | 70 |
| Kultur | 70 |
| Literatur | 76 |
| Märkte | 79 |
| Notfall | 85 |
| Öffentl. Verkehrsmittel | 85 |
| Pensionen | 85 |
| Politik | 85 |
| Polizei | 85 |
| Post | 86 |
| Reiseapotheke | 86 |
| Reisen im Land | 86 |
| Religion | 87 |
| Restaurants | 87 |
| Schecks | 94 |
| Schiffsverbindungen | 95 |
| Sehenswürdigkeiten | 96 |
| Sport | 98 |
| Sprache | 100 |
| Strände | 100 |
| Stromspannung | 101 |
| Telefonieren | 101 |
| Theater | 104 |
| Tiere | 104 |
| Touristeninformation | 106 |
| Trinken | 106 |
| Unterhaltung | 106 |
| Unterkunft | 107 |
| Verhalten | 116 |
| Verkehr | 117 |
| Versicherungen | 117 |
| Visum | 117 |
| Währung | 119 |
| Wirtschaft | 119 |
| Zeit | 122 |
| Zeitungen | 122 |
| Zoll | 124 |

# Ärztliche Versorgung

Zwischen den Niederlanden und den Staaten der EG sowie Österreich, nicht aber der Schweiz, besteht ein Sozialversicherungsabkommen. Man kann sich also auf Krankenschein behandeln lassen. Auf jeden Fall ist es bei einem längeren Aufenthalt ratsam, sich von seiner Krankenkasse beraten zu lassen. Die meisten Kassen haben auch eine Liste von Vertrauensärzten, mit denen sie zusammenarbeiten. Denn das Abrechnungssystem kann von Arzt zu Arzt verschieden sein. Auskünfte darüber, welcher Arzt voll auf Krankenschein abrechnet, welcher Arzt deutsch spricht oder wo man einen Teil der Kosten vorstrecken muß, erteilt auch der örtliche VVV (Fremdenverkehrsverein, gesprochen: wewewe). Ansonsten entspricht die ärztliche Versorgung dem hohen Standard eines hochentwickelten, modernen Industriestaates.
(→ *Krankenhäuser* in den jeweiligen Ortschaften)

# Alkmaar

Alkmaar liegt am Nordholländischen Kanal, unweit der Dünen in der Marsch des Kennermerlandes. 1254 erhielt Alkmaar die Stadtrechte, verlor sie aber wieder, als es sich am Aufstand des „Kaas-en Broodvolk" beteiligte.
1572 von den Geuzen unter Cabeljau eingenommen, scheiterten die spanischen Truppen 1573 unter Don F. de Toledo am Widerstand der Stadt. Um die spanischen Truppen zum Abzug zu zwingen, hatte man die Umgebung der Stadt überschwemmt. Alcmaria Victrix wurde die Stadt genannt, und ein geflügeltes Wort der Zeit lautete: van Alkmaar begint de victorie. – Mit Alkmaar fängt der Sieg an, oder neudeutsch: Von hier an geht's bergauf. Alkmaar war die erste Stadt, die nach dem sogenannten altholländischen System befestigt wurde. Da es in der Umgebung wenige Steine, aber viel Wasser gibt, schüttete man Erdwälle auf, gliederte sie in Haupt- und Nebenwälle und bewässerte das Ganze.

## Alkmaar / **Sehenswürdigkeiten**

Besucht wird Alkmaar heute von Reisenden aus allen Ländern wegen des traditionellen Käsemarkts. Die Trachten der Käseträger entsprechen mit ihren bunten Hüten und der weißen Kleidung denen aus dem Jahre 1662. Die Hüte, blau, gelb, rot und grün, stehen für die Farben der vier Lagerhausgesellschaften. Der Käsemarkt, heute mehr ein folkloristischer Markt, findet von Mitte April bis Mitte September jeden Freitag von 10 bis 12 Uhr statt.
Die *Laurentiuskerk* am Kerkplein: in der Kirche befindet sich die älteste, noch bespielbare Orgel der Niederlande, eine Schwalbennestorgel, erbaut von Hans von Koblenz im Jahre 1511. Besichtigt werden kann die Kirche Montag bis Freitag von 8.30 – 12 und 14 – 17.30 Uhr. Das *Radhuis* von 1509 wurde 1877 – 1881 völlig erneuert. Die *Waage*, Waagplein, beherbergt heute das Holländische Käsemuseum. Der zierliche Turm ist mit einem Glockenspiel aus dem Jahre 1688

*Alkmaar*

geschmückt. Jeden Freitag zur Zeit des Käsemarktes erklingt sein Spiel zum Turnier der Reiter vom Waageturm.

### Alkmaar / **Museen**
*Stedelijk Museum* (Städtisches Museum), Doelenstraat 3, geöffnet von Mai bis Oktober, Montag bis Donnerstag von 10 – 12 und 14 – 17 Uhr, sonntags von 14 – 17 Uhr. Das Museum ist in einem alten Schützenhaus untergebracht und zeigt neben heimatkundlichen Dingen alte Spielsachen und Gemälde der Bergener Schule (→ *Bergen*). *Schreibmaschinenmuseum*, Wolfpad 1-5.

### Alkmaar / **Praktische Informationen**
**Ärztliche Versorgung:** Krankenhaus an der van Houten Kade/Juliana van Stolberglaan.
**Autovermietung:** interRent, Santpoort.
**Bademöglichkeiten:** Ein Hallenbad befindet sich am Canadaplein und ein Freibad in der Sportlaan. Im Sommer empfiehlt es sich jedoch, einen der Badeorte an der Küste aufzusuchen.
**Essen und Trinken:** Alkmaar lebt zum großen Teil vom Tourismus. Entsprechend ist auch das Angebot an Restaurants, Imbißstuben und Kneipen. Vor allem um den Marktplatz herum kommt jeder auf seinen Geschmack. Für den gehobenen Geschmack empfiehlt sich „Rôtiss Rue du Bois" in der Van der Boschstraat 3, Tel. 0 72/11 97 33.
Wer es etwas preiswerter haben will, achte auf Restaurants mit dem Schild „Touristenmenu". Dort gibt es ein Menü mit drei Gängen zum Preis von ca. 15 Gulden.
Noch einige Adressen: „Alkmaar Comfort Inn", Arcadialaan; „'t Gulden Vlies" in der Koorstraat 20 und „Het Schermer Wappen" am Oterelekerweg 3.
**Theater/Kino:** Alkmaar verfügt über ein Theater, „Schouwburg" in der Koorstraat und über ein kulturelles Zentrum, „Cultureel Centrum 't Gouden Vlies" in der Paternosterstraat. Hier finden Lesungen, Ausstellungen und andere Veranstaltungen statt. Darüber informiert man sich am besten durch die Aushänge oder die ausliegenden Prospekte. Kino: Provadje, Verdronkenoord 12, Tel. 0 72/11 01 36.
**Unterkunft:** Sehr gut, komfortabel, aber nicht billig wohnt man im „Comfort Inn" auf der Arcadialaan 2, Tel. 0 72/12 07 44. Für ein paar Gulden wohnt man im „Sleep-in", Verdronkenoord 2, Tel. 0 72/11 01 36 (leider nur von Ende Juli bis Anfang September geöffnet).
Eine Jugendherberge, „Klein Rinnegom", liegt ungefähr auf halber Strecke zwischen Alkmaar und dem Ort Heiloo.
Campingplätze gibt es in Alkmaar und Umgebung, bedingt durch die Nähe zur Küste, zur Genüge. Direkt in Alkmaar liegt der Campingplatz „Alkmaar", Berger-

weg 201, NL-1817 ML Alkmaar, Tel. 0 72/11 69 24. Ein weiterer in unmittelbarer Nähe eines Erholungsgebietes bei Heiloo, nur 5 km vom Strand entfernt, etwas außerhalb der Stadt: „Klein Varnebroek", De Omloop 22, NL-1852 RJ Heiloo, Tel. 0 72/33 16 27. Der Campingplatz gehört zur Vereinigung für Fahrradcamping. Hier kann man Fahrräder mieten und sich schöne Routen beschreiben lassen.

**Verkehrsverbindungen:** Alkmaar ist Endpunkt der A9. Die Alkmaarer sagen natürlich, daß sie hier beginnt. Der Busbahnhof befindet sich vor dem Bahnhof.

**Wichtige Adressen:** Polizei, Kerkplein, Tel. 0 72/11 88 88.
Post, Bagijnenstraat 2, Tel. 0 72/12 74 29.
VVV, Waagplein 3, NL-1811 JP Alkmaar, Tel. 0 72/11 42 84.

# Ameland

Die Insel Ameland erreicht man mit der Fähre von Holwerd in Friesland aus (→ *Fähren*). Auf der Insel leben in den Orten *Hollum, Nes, Ballum* und *Buren* knapp 3000 Menschen. Die Insel ist 38 km lang und zwischen 3,8 km an der breitesten und 1,7 km an der engsten Stelle breit. In Hollum, Oosterlaan/Herenweg, befindet sich ein Heimatmuseum; geöffnet in den Sommermonaten von Montag bis Freitag von 10 – 12 Uhr und 14 – 18 Uhr.

Über die ganze Insel hin erstrecken sich kleinere und größere Naturschutzgebiete, die nur unter Führung betreten werden dürfen. Hauptort von Ameland ist Nes. Sehenswert ist der Leuchtturm der Insel, der die Leuchtkraft von 4,2 Millionen Kerzen hat.

Ein Brauchtum, das sich auf Ameland erhalten hat, ist das „Sundeklazen". An diesem Brauch, der am 5.12. stattfindet, beteiligen sich nur die Männer des Ortes. In weiße Gewänder gehüllt und mit Kuhhörnern bewaffnet, treiben sie Geister und ... Frauen von den Straßen. Erst nach Einbruch der Dunkelheit dürfen die Frauen wieder auf der Straße erscheinen, allerdings nur in Begleitung von Männern. Wer jünger als 18 ist und auf der Straße erwischt wird, kommt manchmal mit blauen Flecken wieder nach Hause, denn die Vertreibung von der Straße ist nicht immer ganz sanft. Frauen und Männer gehen gemeinsam in ein sogenanntes offenes Haus, in das dann maskierte Männer eindringen, die vor allem versuchen müssen, unerkannt zu bleiben.

**Unterkunft:** „Hotel Ameland", Tel. 0 51 91/ 21 50 in Nes. „Hotel Excelsior", Tel 0 51 91/ 20 12 in Nes. „Hotel Noordzee", Tel. 0 51 91/ 22 28 in Nes. „Hotel De Klok", Tel. 0 51 91/ 21 81 in Buren. „Hotel De Zwaan", Tel. 0 51 91/ 40 02 in Hollum. „Hotel Hofker", Tel. 0 51 91/ 20 02 in Nes. Über die Pensionen von Ameland gibt der VVV Auskunft.

Jugendherberge „de kleine Grie", Oranjeweg 59, NL 91 61 CB Hollum, Tel. 0 51 91/ 41 33, geöffnet von 1.3. – 1.11.

Camping: „Boomhiemke", J. Roepespad, NL 91 61 CT Hollum (Ameland), Tel. 0 51 91/ 40 52. „Duinoord", J. v. Eijckweg 4, NL 9163 ZM Nes (Ameland), Tel. 0 51 91/ 20 70.
**Wichtige Adressen:** VVV, Rixt van Doniaweg 2, NL 9163 ZL Nes, Tel. 0 51 91/ 20 20.
Auf der Insel verkehren zwischen den einzelnen Dörfern Busse.
Für Sportbegeisterte gibt es Tennisplätze, Minigolf, Fahrradvermietung und Pferdesport. Die Strände sind zum Teil überwacht.

# Amersfoort

Amersfoort, Furt an der Eem, hat rund 88.000 Einwohner und liegt im Gelderschen Tal am Fuß der Utrechter Hügel und den westlichen Moränen aus der Saalezeit. Amersfoort ist Bahnknotenpunkt, Standort einer Garnison und kleiner Betriebe.
1259 erhielt Amersfoort Stadtrechte. Die Altstadt ist von einem doppelten Verteidigungsgürtel umgeben.

## Amersfoort / **Sehenswürdigkeiten**
*St. Joriskerk*, Marktplatz. Sehenswerter ist die *Liebfrauenkirche* mit dem Liebfrauenturm. Der Turm ist 100 m hoch und war ursprünglich mit der Kirche verbunden. Die Turmsilhouette soll, einer alten Überlieferung zufolge, in Verbindung mit dem Treppentürmchen die Jungfrau Maria mit dem Christuskind symbolisieren. Im Turm befindet sich das berühmte Glockenspiel des Glockengießers Hemony. Als einziges Tor der inneren Stadtmauer ist die *Kamperbinnenpoort*, Langestraat, erhalten. Ein anderes Tor, *Plompetoren*, beherbergt heute eine Übungsschule für Glockenspiele. Den Kern der Altstadt bildet der alte Hafen „Havik", eine von alten Häusern umgebene Gracht. Das *Belgierdenkmal* an der Belgierlaan ist neueren Datums. Es wurde von den belgischen Flüchtlingen des 1. Weltkriegs aus Dankbarkeit gegenüber den Niederländern gestiftet. *Der Tierpark* von Amersfoort an der Barchmann Wuytierslaan ist täglich von 8.30 – 18 Uhr geöffnet.

## Amersfoort / **Museen**
*Stedelijk Museum Flehite* (Städtisches Museum), Westsingel 50; geöffnet Dienstag bis Samstag von 10 – 17 Uhr, Sonntag von 14 – 17 Uhr (Heimatmuseum). Gegenüber dem Museum befindet sich das *St. Pieters-en Bloeklands Gasthuis*, ein ehemaliges Spital. Gut erhalten ist der Männersaal mit den alten Bettnischen. Wer eine Besichtigung durchführen möchte, muß sich an den VVV wenden. *Museum für moderne Kunst*, Zonnehof 8, ein Gebäude des Architekten Rietvlied. An das ehemalige *Konzentrationslager Amersfoort* erinnert die Gedenkstätte am Fussiladeplein. Das Wohnhaus des legendären *Johan van Ol-*

*denbarnevelt*, Bollenburg, bildet mit den *Muurhuizen* einen Teil der inneren Befestigungsanlage am Zuidsingel.

## Amersfoort / **Praktische Informationen**

**Ärztliche Versorgung:** Krankenhaus, Laan 1914 und Heiligenbergerweg.
**Autovermietung:** Hertz, JJ Molenaar's, Automobil BV, Barchmann, Wuytierslaan, Tel. 0 33/63 04 78.
**Bademöglichkeiten:** Freibäder, Parelhoenstraat und Brachman Wuytierslaan, in der Nähe des Zoos. Hallenbad, Bishopsweg.
**Einkaufen:** Rund um den Varkensmarkt, Utrechtsestraat und Arnhemsestraat.
**Essen und Trinken:** Gut bürgerlich, zu annehmbaren Preisen, speist man bei „De Witte", Utrechtseweg 2, in der Gaststätte „Oude Tram", direkt am Bahnhof, Stationsplein 4. Oder man verbindet das Essen mit einem Besuch im Zoo und ißt im Restaurant „Dierenparkt Amersfoort", Brachman Wuytierslaan 224.
**Theater/Kino:** „Filmhuis de Appelmarkt", Groenmarkt 8, Tel. 0 33/1 95 05, mit Cinemathek und Nachtfilmen ab 23 Uhr.
**Unterkunft:** Preislich zur gehobenen Klasse gehört das schön gelegene „Berghotel Amersfoort", Utrechtseweg 225, NL-3818 EG Amersfoort, Tel. 0 33/62 04 44. „De Graheuvel", eine gut ausgestattete Jugendherberge, befindet sich an der De Genestetlaan 9, Tel. 0 33/1 42 71. Ein Campingplatz liegt in der Nähe des Zoos, an der Brachman Wuytierslaan 81, Tel. 0 33/1 99 02, in unmittelbarer Nähe zum Freibad.
**Verkehrsverbindungen:** direkter Anschluß ans Autobahnnetz. Mehrmals stündlich Eisenbahnverbindungen mit Utrecht und Zwolle.
**Wichtige Adressen:** Polizei, Van Asch van Wyckstraat 45, Tel. 0 33/62 16 21. Post, Stadsring 24, Tel. 0 33/1 20 41.
VVV, Stationsplein 28, NL-3818 LE Amersfoort, Tel. 0 33/63 51 51.

# Amsterdam

Amsterdam kann man nicht beschreiben, Amsterdam muß man erleben. Hier passiert alles, hier darf man (fast) alles, und von hier gehen Impulse aus, die über die Grenzen des Landes wirken. Amsterdam, das ist Hohe Pforte und Babel, ist Sex and Crime und Hochkultur, ist der Jordaan und der Welthafen, ist drugs and rock'n roll und Nationalballett. Amsterdam ist eine Hauptstadt, die eigentlich gar keine ist, ist Schmelztiegel und Mekka und urholländische Tradition. Amsterdam ist auf Millionen von Pfählen erbaut und dennoch unerschütterlich. In dieser Stadt leben rund 750.000 Menschen. Dem Besucher scheinen es mehr zu sein, aber in diesem Ballungsraum sind die Grenzen fließend.

## Amsterdam / **Geschichte**

Anfang des 13. Jahrhunderts war Amsterdam noch ein Fischerdorf, gelegen an einem Damm, der die Amstel vom Ij abschloß. Die große Zeit der Stadt (Stadt-

# AMSTERDAM

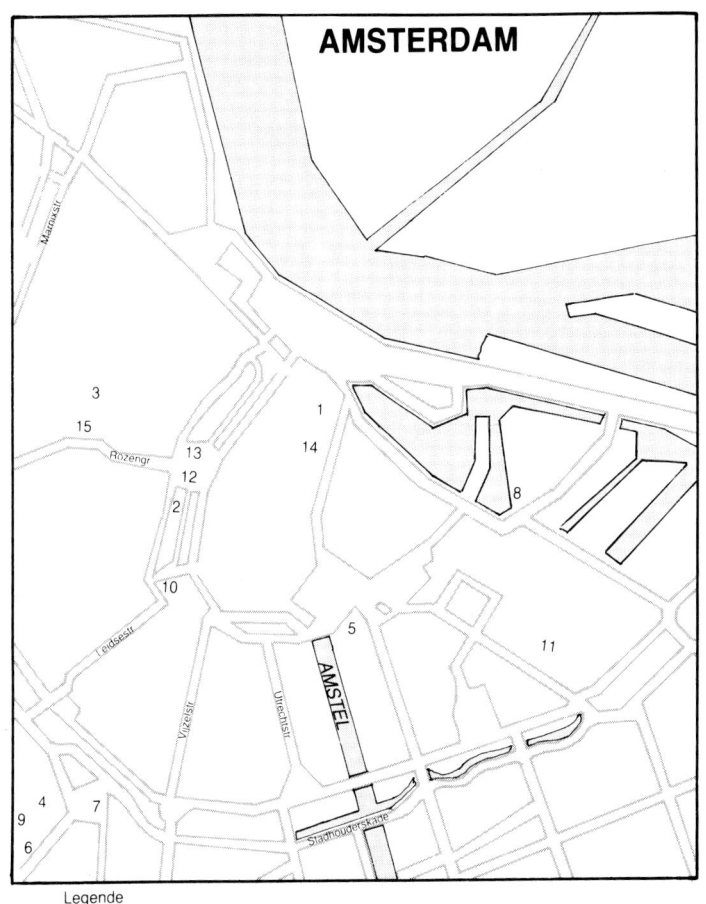

Legende
1. Amstelkring Museum
2. Historisches Museum
3. Anne Frank Haus
4. Vincent van Gogh Museum
5. Museum f. jüdische Geschichte
6. Museum Overholland
7. Reichsmuseum
8. Schiffahrtsmuseum
9. Stedelijk Museum
10. Madame Tussauds
11. Zoo
12. Königlicher Palast
13. Dom
14. Alte Kirche
15. Wester Kirche

rechte im Jahr 1300) kam, wie kann es anders sein, mit dem niederländischen Freiheitskampf, dem sich die Stadt im Jahr 1578 anschloß. Das Aufkommen Amsterdams ging zu Lasten Antwerpens. Kaufleute aus Brabant und vor allem aus Belgien ausgewiesene Juden ließen sich in der Stadt nieder und verhalfen ihr zu einer nicht geahnten Blüte. 1622 lebten schon rund 100 000 Menschen in dieser Stadt. Das Stadtbild selbst wird von den 100 Kanälen und über 1000 Brücken geprägt. Materiell überstand Amsterdam den 2. Weltkrieg recht gut. Es wurden nicht viele Gebäude zerstört. Schwerer wog die Deportation der Bürger und hier vor allem der jüdischen Mitbürger, die immerhin 10 % der Gesamtbevölkerung ausmachten.

## Amsterdam / **Sehenswürdigkeiten**

Die herrlichen Patrizierhäuser entlang der Grachten. Der königliche Palast am Dam, ein Bau des niederländischen Klassizismus, erbaut von 1648 – 1662 von Jacob van Campen. Das Schloß wird nur zu Staatsanlässen benutzt. *Nieuwe Kerk* (Neue Kirche), direkt gegenüber dem Königlichen Schloß, ein spätgotischer Bau, in dem seit dem 18. Jahrhundert die niederländischen Könige und Königinnen proklamiert werden. Hier befinden sich auch die Grabdenkmäler vieler berühmter Niederländer. *Schreierstoren* (Turm der Tränen); von hier aus verabschiedeten die Seemannsfrauen ihre Männer. *Rembrandtsplein*; das Denkmal des großen Malers steht mitten auf dem Platz. Um den Platz herum Gaststätten und Vergnügungslokale. *Oude Kerk* (alte Kirche); die älteste Kirche Amsterdams. *Rembrandthuis*; erbaut wurde es im Jahr 1606 und liegt im alten Judenviertel (Joodenbreestraat). Neben kostbaren Möbelstücken findet man hier fast alle Radierungen des Meisters. *Westerkirche* (Raadhuisstraat); in dieser Kirche aus der Renaissance wurde die Ehe zwischen der heutigen Königin Beatrix und Klaus von Arnsberg geschlossen. Im Turm der Kirche befindet sich die höchste Quecksilbersäule der Niederlande (28 m). *Wijnand Focking'*, Pijlsteeg 31; eine Amsterdamer Kneipe aus dem Jahre 1679. Man sieht ihr das Alter an. Stehend schlürft man aus dicken Tulpengläsern, die bis über den Rand gefüllt sind, einen Genever oder einen der zahlreichen Liköre, die in dekorativen Flaschen in den alten Regalen stehen. *Zuiderkerk*; St. Antonies Breestraat. *Trippenhaus*, beherbergt heute die Königlich-Niederländische Akademie der Wissenschaften (Kloveniersburgwal). *Anne-Frank-Haus*, Prinsengracht 263; das Versteck der Familie Frank während des 2. Weltkriegs. Das Haus ist Gedenkstätte und Museum.

Abstecher ins Chinesenviertel rund um die Binnen Bantammerstraat. Die Lagerhallen aus dem 17. Jahrhundert auf den Inseln Prinseneiland, Bickerseiland und Realeneiland. An der Muiderstraat steht das wohl schönste Zeugnis jüdischer Kultur in den Niederlanden, die *Portugiesisch-Israelische Synagoge*. *Beguinenhof*, Ecke Spui/Nieuwezijds Voorburgwal; für alle, die einmal Erholung vom Trubel suchen. Entstanden um 1346, lebten hier einst Frauen (Beginen) in einer

Amsterdam

halbklösterlichen Vereinigung. Auch heute noch von alten Damen bewohnt. *Madame Tussauds Panoptikum*, Kalverstraat 156; die Prominenz der Welt, friedlich in Wachs verewigt.
Im September 1986 wurde die „Stopera" eingeweiht, eine Kombination von Rathaus und Oper. Der Bau kostete 300 Mill. Gulden und steht in der Innenstadt an der Amstel zwischen Zwanenburgwall und Waterlooplein.

## Amsterdam / **Museen**

In diesem Jahr erhielt Amsterdam den Titel „Kulturelle Hauptstadt Europas". Entsprechend groß ist das Angebot. Über Sonderveranstaltungen informiert der VVV und die „Uitkrant", ein Info-Zeitung. Kostenlos erhältlich beim VVV am Hauptbahnhof oder im AUB (Uitburo im Stadttheater) am Leidseplan. Hier gibt es auch Karten.
*Allard-Pierson-Museum*, Oude Turfmarkt 127; Museum für mesopotamische, ägyptische und griechisch-römische Altertümer. *Fodor-Museum*, Keizersgracht 609; zeitgenössische Kunst lebender Künstler aus Amsterdam. *Historisches Museum Amsterdam*, Kalverstraat 92; Stadtgeschichte bis zur Gegenwart. *Museum Amstelkring,* Oudezijds Voorburgwal 40; Historisches aus dem katholischen Leben Amsterdams nach der Reformation. *Rijksmuseum Vincent van Gogh*, Paulus Potterstraat 7-11; Gemälde und Biographisches über van Gogh. *Rijksmuseum* (Reichsmuseum), Stadhouderskade 42; das größte Museum der Niederlande vermittelt einen Überblick über die Entwicklung von Kunst und Kultur des Landes, u.a. Werke von Rembrandt, Vermeer und Frans Hals. Im Rijksmuseum befinden sich ebenfalls das Staatliche Kupferstichkabinett, die Kunsthistorische Bibliothek und ein Museum für asiatische Kunst. Öffnungszeiten: in der Woche von 10 – 17 Uhr und sonntags von 13 – 17 Uhr. *Stedelijk Museum* (Städtisches Museum), geöffnet in der Woche von 9.30 – 17 Uhr, an Sonntagen von 13 – 17 Uhr. Paulus-Potterstraat 13; viele Sonderausstellungen, Kunst der letzten hundert Jahre und zeitgenössische Kunst. Wer einmal ein typisches Grachtenhaus in aller Ruhe von innen besichtigen möchte, besuche das *Van Loon-Museum* in der Keizersgracht 672, geöffnet außer Mittwoch von 10 – 12 und 13 – 16 Uhr. *Tropenmuseum*, Linnaeusstraat 2, geöffnet außer Samstag in der Zeit von 10 – 17 Uhr und sonntags von 12 – 17 Uhr; völkerkundliche Sammlungen aus Tropen und Subtropen. Eine Extra-Abteilung für Kinder, wo versucht wird, diese mit den Problemen der „Dritten Welt" vertraut zu machen. *Museum für jüdische Geschichte und Medizinisch-Pharmazeutisches Geschichtsmuseum*, Nieuwmarkt 4, geöffnet während der Woche von 9.30 – 17 Uhr und sonntags von 13 – 17 Uhr. *Scheepvaartmuseum* (Niederländisches Schiffahrtsmuseum), Kattenburgerplein 1, geöffnet an Wochentagen außer Montag und Dienstag von 10 – 17 Uhr, an Sonntagen von 13 – 17 Uhr; die niederländische Seefahrt in Bildern, Modellen, Karten etc. umfangreiche Bibliothek über Seekunde. *Niederländisches Museum für Gewerbe und Technik* (NINT), Rozengracht

224, geöffnet Montag bis Freitag von 10 – 16 Uhr und Samstag, Sonntag von 13 – 17 Uhr; Ausstellungen über Schiffsbau, Automobilbau, Kern- und Handwerkstechnik. *Theatermuseum*, Heerengracht 168, geöffnet in der Woche von 10 – 17 Uhr und sonntags von 11 – 17 Uhr; alles über das niederländische Theater. *Filmmuseum*, Paviljoen im Vondelpark 3. *Niederländisches Pressemuseum*, Oude Hoogstraat 24 (Archiv), und Singel 425 (Universitätsbibliothek). Am Flughafen Schiphol befindet sich das Nationalmuseum für Raumfahrt „*Aviodome*". Das „Haschisch-Museum" wurde am 3.4.1987, einen Tag nach der Eröffnung, wieder geschlossen, weil es nach Ansicht der Behörden den Handel mit weichen Drogen fördert.

## Amsterdam / **Praktische Informationen**

**Ärztliche Versorgung:** Der VVV Amsterdam (Verkehrsverein), Stationsplein, Tel. 0 20/26 64 44, verfügt über eine Liste von Ärzten, die Reisenden helfen. Auch erhält man hier Adressen der in Amsterdam etwas schwierig zu findenden Zahnärzte. Apotheken sind Montag bis Freitag von 8 – 17.30 Uhr geöffnet. Ist eine Apotheke geschlossen, erfährt man durch Aushang, welche geöffnet hat. In den Apotheken oder unter der Tel.-Nr. 44 77 39 erhält man Auskunft über Bereitschaftsdienste an Sonn- und Feiertagen. Einige Adressen: Het witte Kruis, Rozengracht 67. Dam Apoteek, Damstraat 2. Die Tag und Nacht besetzte Arztzentrale erreicht man unter Tel. 42 52 77. Erste Hilfe in den Krankenhäusern: Wilhelmina Gasthuis, 1ste Helmersstraat 104. Binnengasthuis, Grimburgwal 10. Oder im Krankenhaus der Freien Universität Amsterdam, Buitenvelder, de Boelelaan.

**Autovermietung:** Am Flughafen Schiphol befinden sich alle großen internationalen Vermieterfirmen: Avis, Tel. 26 22 02 oder 5 64 16 11. A.A.A. Roadster b.v., Tel. 14 89 15 (die Firma unterhält auch einen Abholservice und ist in mehreren Städten mit Niederlassungen vertreten). Ansonsten hilft auch ein Blick ins Telefonbuch oder in „De Gouden Gids" – das niederländische Branchenfernsprechbuch unter dem Stichwort „Auto-verhuur". Die Firma Hertz hat ungefähr 4000 Niederlassungen in den Niederlanden. Von jeder Niederlassung, aber auch von zuhause aus, kann man einen Wagen bestellen, Tel. 0 20/12 24 41, Overtoom 333. Europcar verfügt über ca. 2500 Niederlassungen, Overtoom 51-53, Tel. 0 20/18 45 95 oder 68 21 11.

**Bademöglichkeiten:** Im Sommer fährt man zum Baden am besten nach Zandvoort (→ *Zandvoort*). Hallenbäder: Zwembad Heiligeweg, Heiligeweg 19; Zuiderbad, Hobbemakade 26; Sloterpark, Slotermeerlaan; Sportfondsenbad (2), Fronemanstraat 1 und Cornelius Dirkszstraat 11.

**Einkaufen:** Kalverstraat (über Lautsprecher wird hier in mehreren Sprachen vor Taschendieben gewarnt), Damrak, Rokin, Reguliersbreestraat, Leidsetraat. Geschäfte, die von 16 – 1 Uhr geöffnet haben (meistens Lebensmittel): „Holland-Belgie", Manegestraat 8; „Peysbroek", Halvemaansteeg 19; „de Schotse", Korte Koningsstraat 7. Geschäfte, die am Sonntag geöffnet haben: „Theeboom",

Tweede Sweelinckstraat 5. „Marcus", Ferd. Bolstraat 44. „Heymans", Sarhatisstraat 50.
Ausgefallene Boutiquen findet man im Stadtviertel Jordaan, hinter der Leidseplein. Ein Spezialgeschäft für altes Spielzeug, „De Looier", findet man an der Looiersgracht 10. Antiquitätengeschäfte haben sich im Bereich Spiegelstraat zwischen Rijksmuseum und Herengracht niedergelassen. Antiquariate: „Van Gendt & Co.", Keizersgracht 610. „Erasmus", Spui 2. Bücher und Zeitschriften: „American Discount Book Center", Kalverstraat 158. „Albert de Lange", Damrak 62, viele Reisebücher. „Van Gelderen", Damrak 35 und Kalverstraat 208. Zeitungen und Zeitschriften aus aller Welt: „Athenaeum Boekhandel", Spui 14-16. Die Zeitschriftenabteilung ist bis in den späten Abend geöffnet. Leseraum, Telefon und Fernschreiber stehen für alle Kunden bereit. Poster: Verkeerke, Utrechtsestraat 107 und Leidsestraat 12. Diamanten kauft man in einer der Diamantenschleifereien. „Diamant Industrie A. van Moppes & Zoon", Albert Cuypstraat 2-6; „Holshuysen-Stoeltje", Wagenstraat 13-17.
Märkte: Flohmarkt, Waterlooplein (täglich). Floh- und Antiquitätenmarkt von Mitte Mai bis Mitte September jeden Sonntag auf dem Nieuwmarkt. Warenmärkte gibt es jeden Tag außer Sonntag an folgenden Plätzen: Nieuwmarkt, Plein 1940-45, Ten Katenstraat, Westerstraat und Albert Cuypmarkt (der größte und berühmteste Tagesmarkt der Niederlande, Montag – Freitag von 9 – 18 Uhr, Samstag 9 – 17 Uhr). Büchermarkt außer am Wochenende: Oude Manhuispoort. Vogelmarkt: jeden Samstag von 9 – 13 Uhr Noordermarkt. „Postzegel"-Briefmarkenmarkt am Nieuwe Zijds Voorburgwal (Mittwoch und Samstag von 13 – 16 Uhr).

**Essen und Trinken:** Das kleinste Restaurant der Welt (ganze 1,28 m breit) findet man in der Haarlemerstraat 43. Es trägt den schönen Namen „De groene Lanteerne". Ansonsten gibt es Restaurants vom feinsten bis zum preiswertesten und mit Gerichten aus aller Herren Länder. „Dikker & Thijs", Prinsengracht 444. „De Boederij", Korte Leidsedwarsstraat 69. „De Prinsenkelder", Prinsengracht 348; also echt teuer, aber auch sehr gut. Touristenmenüs gibt es im „Americain", Leidsekade 97, nicht nur zum Essen. Im „Americain" befindet sich ein Café im Jugendstil. Vor dem Einfall deutscher Truppen Treffpunkt deutscher Exilliteraten. Klaus Mann hat hier sehr oft gesessen. Heute trifft man sich im amerikanischen „Petit Restaurant Welcome", Prinsengracht 332. Gut, und auch wieder sicher, ißt man in „Chinatown", 10 Minuten vom Hauptbahnhof, zwischen Zeedijk, Nieuwe Markt und Eilandsgracht.
Weitere Restaurants: „Heineken Hoek", Kleine Gartmanplantsoen 1-3. „Rembrandt", Hobbestraat 26. „Mirandapavilloen", Amsteldijk 223. „Oud Holland", Nieuwezijds Voorburgwal 105 (speziell niederländische Gerichte). Restaurant im Hotel Krasnapolsky, am Dam. „Okura" (Luxusklasse), Ferdinand Bolstraat 175, hier kann man wählen zwischen französischer, chinesischer oder japanischer Küche. Sehr preiswerte Restaurants: „Julia", Amstelveenweg 160; haupt-

sächlich Fischgerichte. „Fiesta", Damrak 6. „Het Tollhuis", Buiksloterweg 7. „Pan Pan", Kalverstraat 16-18; ausländische und besondere Küche. „Toga" (japanisch), Weteringschans 128. „Iberia" (spanisch-portugiesisch), Kadijksplein 16. „Jama" (jugoslawisch), Jan van Galenstraat 103. „Meijer" (israelisch), Nieuwmarkt 13. „Azie", Binnen Bantammerstraat 9, und „Kong Hing", Binnen Bantammerstraat 11 (beide indonesisch/chinesisch). „Seafood House Albatros" (Fisch), Westerstraat 264. „Golden Tempel" (vegetarisch), Leidsestraat 54. „Kosmos Macrobiotic Food", Prins Hendrikkade 142. „Keuken van 1870", Spuistraat 4. Die bekannteste Imbißstube (lohnt sich auf jeden Fall) ist „Broodje van Kootje", Spui 28, Leidseplein 20 und Rembrandtplein 12.

Kneipen gibt es in Hülle und Fülle. Allein im Stadtviertel Jordaan an die 400. „Mambo", Brouwersgracht 107. „Chris" in der Bloemenstraat 42. „Nol", Westerstraat 109. „Bohemia", Krom Boomssloot 14. „Cul de sac" auf dem Oudezijds Achterburgwal im roten Distrikt. „Hesp", Weesperzijde 130; hier treffen sich die Journalisten. „De Huychkaemer", Utrechtsestraat 137. „Frascati", Nes 59-63. „Reynders", Leidseplein 6; früher ein beliebter Künstlertreffpunkt. „Hoppe", Spui 18-20; eines der ältesten Lokale. Wer Glück hat und will, kann hier sogar mit einem echten Minister sprechen. Sollte man nicht versäumen. Andere VIPs trifft man zur Zeit im „Rum Runners" neben der Westerkerke. Coffeeshop „Downtown", Reguliersdwaarsstraat 31 (Schwulencafé). Ebenso: „C.O.C.", Rozenstraat 14. „Coupe de Paris", Leidsekruisstraat 19 (für Männer verboten). Eine absolute „in"-Straße ist die Reguliersdawarsstraat. Sie ist an schönen Tagen ein einziges Straßencafé.

**Nachtleben:** Das Nachtleben Amsterdams spielt sich rund um die „Walletjes", den Oudezijds Voorburgwal und dem Oudezijds Achterburgwal ab. Der Red-Light-District ist das „Amüsierviertel" Amsterdams, wo Damen sich hinter rot beleuchtetem Fensterglas (= roter Distrikt) präsentieren und ihre Dienste anbieten. „Club Juliana", Apollolaan 138. „Blue Note", Leidsedwaarsstraat 71. „Kings Club", Korte Leidsedwaarsstraat. „Casa Rosso", Oudezijds Voorburgwal 98. „Ouerwou", Haarlemersdijk 167. „De Kuer", Voorburgwal Ecke Palaisstraat – Gesichts- und Kleiderkontrolle! „Snelbinder", Thinstraat 23; große Räume, Café, Bar und Spielhalle.

Die Discos füllen sich in Amsterdam erst gegen 2 Uhr. Amsterdam kennt keine Polizeistunde. Die meisten Kneipen schließen jedoch um 1 Uhr. Neu seit dem letzten Sommer: Kneipentour per Tretboot. Im Preis von ca. 20 HFL sind Gutscheine für Getränke enthalten. Auskunft: Canal Bike, Amstel 57, NL-1018 EJ Amsterdam, Tel. 0 20/26 55 74.

**Theater/Kino:** Alle ausländischen Filme laufen in den Niederlanden im Originalton mit niederländischen Untertiteln. Nicht versäumen sollte man einen Besuch des „Tuschinsky", Reguliers Breestraat 26; leider strahlt nur noch die Halle etwas vom „schönsten Kino Europas" aus. „The Movies", Haarlemerdijk 165; alternatives Programmkino mit Café.

Theaterinformationen und Kartenvorverkauf über Stichting Amsterdams Uit Bureau, Leidseplein/Marnixstraat; geöffnet von 10 – 18 Uhr, Tel. 0 20/21 12 11. „Concertgebouw", van Baerlesstraat 98, Tel. 0 20/71 83 45. „De kleine Komedie", Amstel 56, Tel. 0 20/2 40 53 34. „Jeugdtheater der krakling", Nieuwe Passeerdersstraat 1, Tel. 0 20/24 51 23. „Stadsschouwburg", Leidseplein 26, Tel. 0 20/24 23 11. „Nieuwe de la mar", Marnixstraat 404, Tel. 0 20/23 34 62.

**Unterkunft:** Hotels: Luxushotels kosten weit über 100 HFL pro Person pro Nacht. Die billigsten Hotels liegen um die 25 bis 30 HFL (zum Teil Mehrbettzimmer). Hotels in absteigender Linie (nur preislich gesehen): „Americain", Leidsekade 97, Tel. 0 20/24 53 22. „Grand Hotel Krasnapolsky", Nieuwe Doelenstraat 2-4, Tel. 0 20/5 54 91 11. „Apollo", Apollolaan 2, Tel. 0 20/73 59 22. „Atlas", Van Eeghenstraat 64, Tel. 0 20/76 63 36. „Caransada", Rembrandtsplein 19, Tel. 0 20/22 94 55. „Atlanta", Rembrandtsplein 8-10, Tel. 0 20/25 35 85. „Eden", Amstel 142-144, Tel. 0 20/24 17 83. „Damhotel", Damrak 31, Tel. 0 20/24 09 45. „Van Haalen", Prinsengracht 520, Tel. 0 20/26 43 34. Hotelreservierungen über das nationale Reservierungszentrum in Leidschendam, Tel. 00 31/70 20 25 00.

Campingplätze: „Het Amsterdamse Bos", Kleine Noorddijk 1. Aalsmeer, Tel. 0 20/41 68 68; geöffnet von April bis September. „Amsterdamse Ijsclub", Ijsbaanpad 45, Tel. 0 20/72 09 16; geöffnet von März bis Ende September.

Jugendherbergen: Stadsdoelen, Kloveniersburgwal 91, Tel. 0 20/24 68 32. Vondelpark, Zandpad 5, Tel. 0 20/14 17 44. Besonders billig: „Sleep in" und Jugendhotel: Sleep-in, Rozengracht 180, Tel. 0 20/23 58 71; geöffnet Ende Juni bis Anfang September. Jeugdhotel Eben Haezer, Bloemenstraat 179, Tel. 0 20/24 47 17. Bob's Youth Hotel, Voorburgwal 92, Tel. 0 20/23 00 63. Jeugdhotel Kabul, Warmoerstraat 42, Tel. 0 20/23 71 58.

**Verkehrsverbindungen:** Amsterdam ist mit Auto, Bahn und Flugzeug zu erreichen. Reisende aus der Schweiz und Österreich, die die Eisenbahn nehmen, müssen meist in Utrecht umsteigen. Mit dem Auto benutzt man einen der zahlreichen Grenzübergänge in der Bundesrepublik, oder man reist über Belgien ein. Mit dem Flugzeug landet man in Schiphol, dem Amsterdamer Flughafen. Amsterdam selbst verfügt über Bahnen (trams), Busse und eine U-Bahn. Der Tarif richtet sich nach den jeweiligen Zonen. Eine Drei-Zonen-Karte ist zwei Stunden gültig, kostet 2,60 HFL und berechtigt zum Umsteigen und zur Fahrtunterbrechung. Tageskarten gibt es zum Preis von 6,50 HFL. Taxis gibt es an vielen Standplätzen. In Amsterdam kann man sie auch auf der Straße anhalten. Rufnummer der Taxizentrale: 77 77 77.

**Wichtige Adressen:** Ambulanz, Tel. 55 55 55. Polizei, Tel. 22 22 22.
Polizeistation, Elandgracht 117, Tel. 0 20/5 59 91 11.
Feuerwehr, Tel. 6 66 66.
Weckdienst, Tel. 64 02 33 oder 64 27 02.
Hauptpost, Nieuwezijs Voorburgwal 182, Tel. 21 15 15.

Fundbüro, Elandsgracht 117, Tel. 75 91 11.
Städtische Verkehrsbetriebe, Stadhouderskade 1, Tel. 1 60 02.
Pannendienst, Tel. 22 44 66 oder 26 82 52.
VVV, Stationsplein 10, Tel. 0 20/5 51 25 12.
Stadtverwaltung, O. Voorburgwal 197, Tel. 5 52 91 11.
Sonstiges: ANWB (Niederländischer Touristenverein), Museumsplein 5, Tel. 73 08 44 für Tips. Fahrradverleih: Fiets-o-Fiets, Amstelveenseweg 880-900, Tel. 73 16 26 oder 4454 73.

## Anreise

Die Niederlande sind mit dem Auto, der Bahn, dem Flugzeug und dem Schiff zu erreichen. Mit dem Auto reist man über einen der zahlreichen Grenzübergänge in der Bundesrepublik Deutschland oder über Belgien ein. Anreise mit der Bahn ebenfalls über die Bundesrepublik oder Belgien. Innerhalb der Niederlande fahren die Intercity-Züge der „Nederlandse Spoorwegen". Für Touristen gibt es verbilligte Angebote.
Hauptflugplatz der Niederlande ist Amsterdam-Schiphol. Innerhalb der Niederlande fliegt eine Tochtergesellschaft der KLM (niederländische Verkehrsfluggesellschaft), die City-Hopper B.V., Postbus, NL-1117 ZL Schiphol, einige große Städte in den Niederlanden an, wie Rotterdam, Eindhoven, Maastricht und Groningen sowie einige Städte in der Bundesrepublik Deutschland und Basel in der Schweiz an.
In den Monaten Mai bis Oktober gibt es regelmäßige Schiffsverbindungen von Basel bis Rotterdam. Auskunft über Reisebüros oder KD, Deutsche Rheinschifffahrt AG, Frankenwerft 15, D-5000 Köln 1, Tel. 02 21/22 08-0.

## Apeldoorn

Apeldoorn ist eine Villenstadt in Gelderland am Ostrand der Veluwe. Die Stadt hat rund 135.000 Einwohner und ist eigentlich keine Stadt. Der Ort wurde zwar schon 793 genannt, hat aber nie große Bedeutung erlangt, obwohl er über den größten Grundbesitz aller niederländischen Gemeinden verfügt. Aufregendes findet man hier nicht, nur Ruhe und sehr viel schöne Landschaft und natürlich Haus Loo, richtiger das Königliche Schloß „Het Loo". Es liegt nördlich von Apeldoorn in einem Wald und war einst das Jagdschloß der königlichen Familie. Königin Wilhelmina wählte sich Het Loo als Alterssitz. Heute ist das Schloß Rijksmuseum und für Publikum zugänglich (Oranje-Nassau-Museum). Öffnungszeiten: Dienstag bis Samstag von 10 – 17 Uhr.

### Apeldoorn / **Praktische Informationen**
**Ärztliche Versorgung:** Das Krankenhaus liegt in der Nähe des Soerenseweg.

## Apeldoorn

**Bademöglichkeiten:** Hallenbad, Arnhemseweg und Laan van de Zevenhuisen.
**Einkaufen:** Umgebung der Hoofdstraat.
**Essen und Trinken:** Sehr gut ißt man im „Echoput", Amersfoortseweg 86, Tel. 0 57 69/2 48. „Balkan Restaurant International", Beekstraat 43, gut bürgerlich und nicht teuer. „Poppe", Paslaan 7. „Jachthuis", Hoog Soeren 55.
**Unterkunft:** In die Kategorie der Luxushotels gehört „Keizerkroon", Koningstraat 7, NL-7315 HR Apeldoorn, Tel. 0 55/21 77 44, mit jedem erdenklichen Komfort. Angeschlossen ist das Restaurant „Le Petit Prince", in dem man wirklich fürstlich speisen kann, wenn auch nicht gerade billig. Angenehm zum Übernachten ist auch das „Motel Apeldoorn", J.C. Wilslaan 200, NL-7313 CK Apeldoorn, Tel. 0 55/55 08 55. Apeldoorn verfügt über eine Vielzahl von Hotels sowohl im Stadtkern als auch etwas außerhalb. Wem ein Hotel zu teuer ist, der kann in der Jugendherberge „De groote beer", Asselsestraat 330, Tel. 0 55/55 31 18, übernachten oder auf einem der zahlreichen Campingplätze in unmittelbarer Nähe der Stadt. Südlich von Apeldoorn: „De Wapenberg" (mit Fahrradcrossbahn), Hoenderloseweg 187, NL-7339 GG Ugchelen, Tel. 0 55/33 45 39. „De lange Bosk", Hoge Bergweg 16, NL-7361 GS Beekbergen, Tel. 0 57 65/12 52. „De Bosgraaf", Kanaal Zuid 444, NL-7360 GC Beekbergen, Tel. 0 57 65/13 59. „Klein Canada", Ruitersmolenweg 15, NL-7361 CB Beekbergen, Tel. 0 57 66/13 03; der Platz liegt gleich neben dem Motel. „De Vinkenkamp", Vinkenkamp 10-12, NL-7364 CD Lieren, Tel. 0 57 65/12 53.
**Theater:** Soerenseweg.
**Verkehrsverbindungen:** Anschlüsse an die A 50 und an die A 1. Bahnhof.

**Wichtige Adressen:** Polizei, Deventerstraat 18, Tel. 0 55/77 55 55.
Post: Deventerstraat 18, Tel. 0 55/78 82 88.
VVV: Stationsplein 6, NL-7311 NZ Apeldoorn, Tel. 0 55/78 84 21.
Sonstiges: 9-Loch Golfplatz, Hoogsoeren, Tel. 0 57 69/2 75.
Für Erwachsene und Kinder ein Vergnügen ist die Fahrt mit der Dampfeisenbahn von Apeldoorn nach Dieren; Anfragen und Auskunft beim VVV.
Kinderbauernhof Malkenschoten, Arnhemseweg 355; kleines Wildgehege und viele Tiere zum Anfassen, geöffnet von März bis Oktober täglich von 10 – 18 Uhr. Von November bis Februar ist Samstag und Sonntag geschlossen. Berg en Bos – Affenland, geöffnet vom 1.5. bis zum 30.9. täglich von 9.30 – 18 Uhr, in den übrigen Monaten jedoch nur an Sonn- und Feiertagen von 10 – 16.30 Uhr: Hier gibt es Affen aus aller Herren Länder. Das Affenland gehört mit zum Naturpark Berg en Bos, der vom 1.4. bis zum 30.9. täglich von 8 – 19 Uhr geöffnet ist. Vom 1.10. bis zum 31.3. täglich von 9 – 17 Uhr.
Der Marstall gehört eigentlich mit zur Besichtigung des Schlosses; früher standen hier die Pferde, heute lassen sich Kutschen, Autos und Schlitten bewundern, geöffnet vom 1.4. - 31.10. täglich von 10 – 17 Uhr.
Von Apeldoorn ist man schnell im Naturpark Hoge Veluwe (→ *Arnhem*).

## Apotheken
Apotheken gibt es in fast jedem Ort. Allerdings erhält man Medikamente, auch in der Bundesrepublik frei verkäufliche, nur gegen Vorlage eines Rezeptes. Die Öffnungszeiten sind Montag bis Freitag von 8 – 17.30 Uhr. Über Bereitschaftsdienste informieren die einzelnen Verkehrsvereine oder die örtliche Zeitung.
→ *Reiseapotheke, Ärztliche Versorgung,* in den jeweiligen Ortschaften

## Arnheim (niederl. Arnhem)
Arnheim, die Hauptstadt der Provinz Gelderland, hat einschließlich der Vororte rund 130.000 Einwohner. Die Stadt ist Verkehrsknotenpunkt und liegt zwischen der Geesthügellandschaft der Veluwe und den Flußmarschen der Betuwe. Wegen dieser Lage und weil es in Arnheim nie Großindustrie gab, war die Stadt bei Beamten und Pflanzern aus den Kolonien beliebter Ruhesitz. Erstmals erwähnt wurde die Stadt 893 n. Chr. 1233 erhielt sie Stadtrechte, trat 1440 der Hanse bei und war häufig Sitz der Grafen von Geldern. Im 2. Weltkrieg wurde die Stadt in der Schlacht um Arnheim im Herbst 1944 fast völlig zerstört. Heute ist sie wieder vollständig aufgebaut, wobei auf eine liebevolle Restaurierung der Altstadt besonderer Wert gelegt wurde.

### Arnheim / **Sehenswürdigkeiten**
*St. Eusebiuskerk* im Zentrum um den Korenmarkt mit den restaurierten Lagerhäusern. *Kastell Rosendaal* (Dauerausstellung über Burgen und Schlösser); nur im Sommer von Dienstag bis Samstag 10 – 17 Uhr und an Sonntagen von 13 – 17 Uhr geöffnet.

### Arnheim / **Museen**
*Nederlands Openluchtmuseum,* Schelmseweg 89, geöffnet von Ostern bis zum 1.11., dienstags bis samstags von 9 – 17 Uhr und sonntags von 10 – 17 Uhr, Tel. 0 85/45 20 65. *Gemeente Museum,* Utrechtseweg 87, Dienstag bis Samstag von 10 – 17 Uhr und Sonntag von 11 – 17 Uhr, Tel. 0 85/51 24 31. Das *Rijksmuseum Kröller Müller* (Wallfahrtsort für van Gogh-Enthusiasten) liegt im Nationalpark Hoge Veluwe nördlich von Arnheim zwischen Hoenderloo und Otterloo. Der Park ist außer am 1.1. jeden Tag von 8 Uhr bis Sonnenuntergang geöffnet, das Museum Dienstag bis Samstag von 10 – 17 Uhr, an Sonn- und Feiertagen von 11 – 17 Uhr; in der Zeit vom 1.11. bis zum 1.4. von 13 – 17 Uhr. In dieser Zeit ist der Garten mit den Skulpturen geschlossen. Die Eintrittskarte für das Museum erhält man mit der Karte für den Park. Eingänge: im Osten Hoenderloo, im Westen Otterloo und im Süden Schaarsbergen. Anschrift: Rijksmuseum Kröller Müller, Houtkampweg 6, Otterloo, Tel. 0 83 82/12 41. Von Juni bis September gibt es eine Busverbindung vom Bahnhof in Arnheim bis zum Museum. *Electromuseum*, Klinkelbeekweg 45, Tel. 0 85/56 80 20, geöffnet samstags von 10 – 17 Uhr.

## Arnheim / Praktische Informationen

**Ärztliche Versorgung:** Krankenhäuser: Gemeente Ziekenhuis, Wagnerlaan 55, Tel. 0 85/77 77 77. Regina Pacis, Velperweg 158, Tel. 0 85/64 81 11.
**Autovermietung:** interRent, Steenstraat 103, Tel. 0 85/45 29 71. Avis, Boulevard Heuvelink 28, Tel. 0 85/45 12 45. Autorent, Steenstraat 103, Tel. 43 66 03.
**Bademöglichkeiten:** Aquarius, Utrechtseweg 88, Tel. 0 85/43 00 01. Zwembad De Beuk, Beukenin 28, Tel. 0 85/43 31 63.
**Einkaufen:** Zahlreiche unterschiedliche Läden in der Innenstadt im Bereich Oeverstraat-Jansbinnensingel und Velperbinnensingel. Märkte: dienstags und freitags Wochenmarkt von 9 – 13 Uhr auf dem Kerkplein. Samstags von Mai bis Oktober Kunst- und Gildemarkt am gleichen Ort.
**Essen und Trinken:** Touristenmenüs bieten „Herbergerie De Roskam", Arnhemsestraat 62; Hotel „Haarhuis", Stationsplein 1, direkt am Bahnhof und „Riche-National" am Willemsplein 38.
Angenehm, in rustikaler Umgebung und nicht ganz so preiswert speist man in der „Begijnenmolen", Zijpendaalseweg 28a, Tel. 0 85/43 39 63. Natürlich fehlen auch chinesisch-indonesische Restaurants nicht. Eins von vielen ist „China Corner" am Jansplaats 59. Sehr billige Gerichte, ab 5 HFL, ißt man in den Speiselokalen „Open Tafel", Spoorwegstraat 57, geöffnet täglich außer Sonntag in der Zeit von 17 – 18.30 Uhr, und im „Eetcafe de Deuk", Bovenbeekstraat 5. Von Montag bis Donnerstag kann man hier von 12 – 1 Uhr essen, am Freitag und Samstag sogar bis 2 Uhr und Sonntag von 16 – 1 Uhr.
**Nachtleben:** Im Spijkerkwartier, rund um die Spijkerstraat. Kneipen und Discos befinden sich in der Altstadt rund um den Korenmarkt.
**Theater / Kinos:** Musis Sacrum, Velperplein, Tel. 0 85/51 01 47. Schouwburg, Koningsplein 12, Tel. 0 85/42 27 41 oder 42 27 47. Kinos: Rembrandt, Velperplein 10, Tel. 0 85/45 60 45. Sakia, Looierstraat 25, Tel. 0 85/42 05 64. Cine Movie, Bagynenpassage 24, Tel. 0 85/42 45 60. Filmhuis, Korenmarkt 42, Tel. 0 85/42 42 83.
**Unterkunft:** Zu den ersten Häusern gehört das „Rijnhotel", Onderlangs 10, Tel. 0 85/43 46 42 mit Blick auf den Rhein. Für nur ein paar Gulden pro Nacht schläft man im „Sleep-in", Thomas Kempislaan 15, Tel. 0 85/45 64 82; leider nur in den Sommermonaten Juli bis Ende August geöffnet. Noch preiswerter übernachten Jugendliche in der Jugendherberge „Alteveer", Diepenbrocklaan 27, Tel. 0 85/42 01 14. Empfehlenswert sind auch die Campingplätze rund um Arnheim, z.B. der Platz am Kemperbergweg 771, Tel. 0 85/43 16 00.
**Verkehrsverbindungen:** Bahnhof, Stationsplein. Regelmäßige Verbindungen. Vor dem Bahnhof der Busbahnhof. Öffentlicher Verkehr in Zonen eingeteilt. Taxi: Tel. 0 85/42 50 00 oder 42 53 31.
**Wichtige Adressen:** Ambulanz: GG & GD, Eusebiussingel 51, Tel. 43 44 45.
Polizei, Beekstraat 39, Tel. 43 33 33.
Post, Jansplein 56, Tel. 77 99 11.

VVV, Stationsplein 45, Tel. 45 29 21.
VVV-Gelderland, Postfach 988, NL-6800 AZ Arnhem, Tel. 0 85/51 37 13.

**Auskunft** → *Touristeninformation*
**Ausweispapiere** → *Dokumente*

# Autobahngebühren

In den Niederlanden werden keine Autobahngebühren erhoben. Allerdings muß man für einige Brücken Passiergeld bezahlen, so z.B. für die Zeelandbrücke von Colijnsplaat nach Zierikzee.

# Automobilclubs

Der größte Automobilclub in Holland ist der ANWB (Algemene Nederlandse Wielrijders Bond). Die Hauptgeschäftsstelle befindet sich in Den Haag, Wassenaarseweg 220, Tel. 0 70/26 44 26. Geschäftsstellen gibt es darüberhinaus in allen größeren Städten. Der ANWB gibt Auskunft über Routen, Verkehrszustände (Tel. 0 70/31 31 31) und unterhält einen Pannendienst, den man rund um die Uhr über Telefon und Notrufsäule auf den wichtigsten Verkehrsstraßen erreichen kann. Zwischen 7 und 24 Uhr patrouillieren die gelben Wagen des ANWB – auch erkennbar an den Dachschildern – auf Autobahnen und Schnellstraßen. Autofahrer, die nicht einem der AIT angeschlossenen Automobilclubs wie ADAC, TCS oder ÖAMTC angehören, können entweder eine einmonatige Mitgliedschaft im ANWB für 65 HFL beantragen oder, was billiger ist, erst eine Panne abwarten und dann Mitglied werden. Vom ANWB ausgezeichnete Reiserouten sind durch weiße, sechseckige Schilder mit Routennummer und -namen leicht zu erkennen. Für Autofahrer gibt es rund 42 Strecken mit Längen zwischen 80 und 170 km, für Radfahrer ca. 30 Routen. Nähere Informationen erteilen alle ANWB-Geschäftsstellen, der VVV und die nationalen Automobilclubs sowie das Nationaal Bureau voor Toerisme, Bezuidenhoutseweg 2, Den Haag, Tel. 0 70/81 41 91. Weitere Automobilclubs: KNAC Koninklike Nederlandse Automobil Club, Sophialaan 4, Den Haag, Tel. 0 70/46 92 80.

# Autovermietung

In jeder größeren Stadt, aber auch in vielen Ferienorten am Meer, gibt es nationale und internationale Autovermietungen wie AVIS, InterRent, Hertz etc. (Adressen → in den jeweiligen Städten).
Das One-Way Verfahren ermöglicht es auch, sich einen Wagen im Heimatort zu mieten und in den Niederlanden abzugeben oder umgekehrt. Natürlich besteht auch die Möglichkeit, sich vom Heimatort in den jeweiligen Städten der Niederlande einen Wagen reservieren zu lassen. Hertz unterhält in den großen Städten Rental Locations. Zentralreservierungsstelle für die Niederlande ist Amsterdam,

geöffnet Montag bis Freitag von 8.30 – 18 Uhr, Tel. 0 20/83 16 31. Vom Ausland aus: 00 31/20 83 16 31. Für interRent: Groningen, Tel. 00 31/(0)-50-1 31 23, Rotterdam, Tel. 00 31/(0)-66 88 11 oder Hoofdrop 00 31/(0)-25 03-3 44 33 oder Amsterdam, Tel. 00 31/(0)-20 17 76 66. InterRent ist an den Flughäfen Amsterdam-Schiphol, Tel. 0 20/17 76 66 von 7 – 23 Uhr, Eindhoven, Tel. 0 40/45 07 77 und Maastricht, Tel. 0 43/1 21 21, vertreten.

## Baarn
Baarn liegt am Utrechtschen Hügelrücken und beherbergt den Botanischen Garten Cantonpark. Auskunft: VVV, Stationsplein 7, NL-3743 BR Baarn, Tel. 0 21 54/1 32 26.
**Essen und Trinken:** „Roskam", Hilversumsestraatweg 4. „Prins van Oranje", Nieuwe Baarnstraat 18.
**Unterkunft:** „Kastanjehof", Kloosterlaan 1, NL 37 49 AJ Baarn, Tel. 0 21 54/ 2 48. Camping: „De Zeven Linden", Zevenlindenweg 4, NL-3744 BC Baarn, Tel. 0 21 56/3 30.

**Bahnverbindungen** → *Reisen im Land*

## Benzin
Die Niederlande verfügen über ein lückenloses Tankstellennetz sowohl für verbleites als auch für bleifreies Benzin. Normalbenzin (91 – 93 Oktan) kostet z. Zt. ca. 1,35 HFL (1,40 DM), Superbenzin (98 – 99 Oktan) 1,40 HFL (1,45 DM); Diesel erhält man für ca. 0,78 HFL (0,83 DM). Besonders preiswert ist Flüssiggas (LPG) 0,42 HFL (0,47 DM). Der Liter bleifreies Normalbenzin kostet ca. 1,45 HFL. Das Netz für bleifreies Benzin ist gut ausgebaut. Einen geringen Preisunterschied gibt es im Vergleich Westen – Osten des Landes: In der Nähe der deutschen Grenze sinkt der Benzinpreis um einige Cent. Für Reisende in die Niederlande empfiehlt sich das Volltanken vor der Grenze, am besten schon einige Kilometer vorher. Ein 10-Liter-Reservetank kann in der Regel unverzollt eingeführt werden ( → *Zoll*).

## Bergen aan Zee
Bergen aan Zee wurde bereits 1906 als Badeort angelegt. Die alten Festungsbauten der Stadt Bergen erinnern an die Kämpfe der Geusen gegen die Spanier. Bergen ist ein Künstlerort. Vor allem die Vertreter der Bergener Schule (Leo Gestel, M. Vigman, Charles Toorop) haben den Ort bekannt gemacht. Im Künstlerzentrum, Plein 7, finden Ausstellungen niederländischer Künstler der Gegenwart statt. VVV, Plein 1, Tel. 0 22 08/31 00. Mittelpunkt von Bergen ist die vor 400 Jahren zerstörte Ruinenkirche.

Reges Treiben findet in der Saison um Hoflaan und Plein statt. Freitags ist Kunstmarkt, samstags Wochenmarkt.

Der Badeort Bergen aan Zee lädt nicht nur zum Baden ein; ein Dünenpark, ein Naturkundemuseum und ein Meeresaquarium bieten interessante Möglichkeiten zur Freizeitgestaltung. In der Umgebung von Bergen drehen sich noch ca. 114 Windmühlen. An der Breelaan kann, wer will, im Sommer auf einer extra angelegten Piste (Sommer-)Ski fahren. VVV, Van der Wijckplein 8, NL-1865 AP Bergen aan Zee, Tel. 0 22 08/1 24 00 oder 1 31 73.

**Essen und Trinken:** Italienisches gibt's in „La Terrazza", Breelaan 130. Gut essen kann man auch in der „Pepermolen", Breelaan 2. Daneben gibt es natürlich eine Vielzahl von Restaurants, Frittenbuden und Lunch-rooms.

**Unterkunft:** Wer 165 HFL für ein Doppelzimmer ausgeben will, der steigt in „Nassau Bergen", Van der Wijckplein 4, NL-1865 AP Bergen aan Zee, Tel. 0 22 08/9 75 41, ab. 90 HFL bezahlt man für ein Doppelzimmer im Hotel „Victoria", Zeeweg 33, NL-1865 AB Bergen aan Zee, Tel. 0 22 08/1 23 58. Wer nicht direkt im Badeort, sondern in Bergen wohnt, bezahlt bei „Marijke", Dorpstraat 23, NL-1861 KT Bergen, Tel. 0 22 08/1 23 81 für zwei Personen 75 HFL. Vollpension kostet 65 HFL.

Von Bergen aus ist man in wenigen Minuten in Alkmaar, wenn das Wetter zum Baden mal nicht so gut ist.

# Bergen op Zoom

Bergen op Zoom ist eine der ältesten Städte in den Niederlanden. Bereits in Urkunden des 16. Jahrhunderts als Bergom genannt, entwickelte sich die Stadt im 13. Jahrhundert zur Hauptstadt der Markgrafschaft Bergen op Zoom im Herzogtum Brabant. Die von Herzog Alba stark befestigte Stadt ging 1577 zu den Generalstaaten über. 1588 wurde sie von Parma, 1622 von Spinola vergeblich belagert und endlich von Prinz Moritz von Oranien befreit. Bei der letzten Belagerung durch die Spanier entstand das Geusenlied: „Merck toch, hoe streck nu in 'twerck sich al steld, die t'allen ty soo ons vryheyt heeft bestreden" („Sieh doch, mit welcher Kraft die zu Werke gehen, die zu allen Zeiten versucht haben, uns die Freiheit zu nehmen" ...) von A. Valerius. 1722 kam die Stadt an die Kurpfalz. 1801 wurde sie von der Batavischen Republik gekauft. Heute zählt Bergen op Zoom an die 42.000 Einwohner, ist das „Tor" zu Bevoland und ein Zentrum des Gemüsehandels.

Bergen op Zoom / **Sehenswürdigkeiten**

Die *St. Gertruidskerk* am Markt, die von Dürer gezeichnet wurde, ist leider 1972 bei Restaurierungsarbeiten zum größten Teil zerstört worden. Dennoch läßt sie etwas ahnen vom Reichtum der Stadt im 14. und 15. Jahrhundert. *Markiezenhof*, Steenbergsestraat 8, der Palast der Markgrafen zu Bergen. Das *Liebfrauentor*,

*Bergen op Zoom*

Lievevrouwestraat, ist Teil der mittelalterlichen Festungsanlage. Das *Stadhuis* am Markt stammt aus dem Jahre 1611.

Bergen op Zoom / **Museen**
In einem Teil des Markiezenhof, Steenbergsestraat 8, ist das *Stedelijk (Städtische) Museum* untergebracht; geöffnet Dienstag bis Sonntag von 14 – 17 Uhr, in der Zeit von Mitte Juni bis Mitte August von Dienstag bis Samstag von 10 – 17 Uhr und sonntags von 13 – 17 Uhr; Kunstwerke, Stilmöbel, voll eingerichtete Stilräume und eine Dokumentation über Befestigungsanlagenbau.

Bergen op Zoom / **Praktische Informationen**
**Autovermietung:** Das Hertz-Büro nennt die Vermieter in Bergen op Zoom, Tel. 0 76/14 20 33.
**Bademöglichkeiten:** Hallen- und Freibad Gageldonk.
**Einkaufen:** Straßen um den Markt herum. Jeden Samstag von Ostern bis Oktober findet ein Antiquitäten- und Kuriositätenmarkt statt.
**Essen und Trinken:** „La Bonne Auberge", Grote Markt 3; die Preise liegen zwischen 63 und 90 HFL. Preiswerter ißt man im „Mobby Dick", Kremerstraat 33; Menü ab 25 HFL. „Bloemkool", Wouwsestraat 146.
**Unterkunft:** Im „La Bonne Auberge", Grote Markt 3, NL-4611 NR Bergen op Zoom, Tel. 0 16 40/5 44 52, bezahlt man zwischen 85 HFL für ein Einzelzimmer und 200 HFL für ein sehr schönes Doppelzimmer. Preiswerter, 62 bis 120 HFL, ist der „Gouden Leeuw", Fortiunstraat 14, NL-4611 NP Bergen op Zoom, Tel. 0 16 40/3 50 00. Ungefähr gleiche Preisklasse: „Draak", Grote Markt 37, NL-4611 NT Bergen op Zoom, Tel. 0 16 40/3 36 61.
Jugendherberge Kalvervelden, Kalverveldenweg 25, Tel. 0 16 40/3 32 61; geöffnet vom 1.3. bis zum 1.11.
Camping: „De Heide", Bemmelenberg 12, NL-4614 PG Bergen op Zoom, Tel. 0 16 40/3 56 59. Südlich von Bergen op Zoom in Woensdrecht: „Uit en Thuis", Heimolen 56, NL-4613 PE Woensdrecht, Tel. 0 16 40/3 33 91; leider bietet der Platz nur wenige Plätze für Touristen.
**Verkehrsverbindungen:** drei Anschlüsse an die A 58. Regelmäßige Zugverbindungen.
**Wichtige Adressen:** Polizei, Wassenaarstraat 61, Tel. 0 16 40/3 44 44.
Post, J. Obrechtlaan 2, Tel. 0 16 40/3 60 50.
VVV, Hoogstraat 2, NL-4611 MT Bergen op Zoom, Tel. 0 16 40/6 60 00.
Sonstiges: 9-Loch-Golfplatz, Zoomvlietweg 66, Tel. 0 16 57/5 93 – Wouwse Plantage. Reitturnier zu Pfingsten. Reitplatz am Zuid-Westsingel. Bergen op Zoom verfügt über einen Jachthafen, westlich der Gevangenpoort. Dort kann man auch Boote leihen. Von Mitte Juni bis Mitte August veranstaltet der VVV geführte Stadtbesichtigungen.

## Beverwijk

Beverwijk ist ein kleiner Ort an der Küste und in der Regel nicht so überlaufen wie bekanntere Badeorte.
In Beverwijk sollte man sich das *Landhaus Scheybeeck*, einen Landsitz aus dem 17. Jahrhundert ansehen; heute Museum des Kennemerlands. Auf einer Karte kann man die Veränderungen dieses Gebietes gut nachvollziehen.
**Essen und Trinken:** „'t Gildenhuys", Baanstraat 32, NL-1942 CJ Beverwijk, Tel. 0 25 10/2 15 15. „Wijcker Herberg", Zeestraat 77, NL-1942 AL Beverwijk, Tel. 0 25 10/2 33 35.
**Unterkunft:** Nordöstlich von Beverwijk liegt die Jugendherberge Assumburg.
Auskunft: VVV, Stationsplein 26, NL-1948 LC Beverwijk, Tel. 0 25 10/2 49 82.

## Bevölkerung

In den Niederlanden leben etwa 15 Millionen Menschen auf 41 473 qkm. Der Rest des Staatsgebietes – ca. 7400 qkm – ist Wasser. Zu den Niederlanden gehören außerdem als Rest einer kolonialen Vergangenheit sechs Inseln in der Karibik. Die Niederlande gehören, was viele Reisende sicher nicht wissen, zu den am dichtesten besiedelten Ländern der Erde. Pro Quadratkilometer leben etwa 361 Menschen. Der größte Teil davon in der sogenannten Randstad, dem Rechteck zwischen Amsterdam – Utrecht – Rotterdam – Delft – Amsterdam. Im Norden des Landes leben die Friesen. Sie haben ihre eigene Sprache. Auf offiziellen Schildern und dergleichen steht dann auch häufig der friesische und der niederländische Name. Rund 27 % der Niederlande liegt unter dem Meeresspiegel. Und nur die großen Leistungen auf dem Gebiet des Deichbaus haben verhindert, daß die Niederlande nicht längst ein Opfer des Meeres geworden sind. Die Niederlande sind ein „offenes Land". Neben den zahlreichen Minderheiten aus den ehemaligen Kolonien leben hier etwa über eine halbe Million Ausländer. Als Industriestaat zählen die Niederländer zu den wohlhabenden Staaten der EG. Das durchschnittliche Bruttoeinkommen beträgt ca. 2100 HFL pro Kopf im Monat. Einen großen Raum nehmen Landwirtschaft, Fischerei und Handel ein. Größter Handelspartner der Niederlande ist die Bundesrepublik Deutschland. Wenn auch das Land an Fläche nicht groß ist, so läßt sich von einer einheitlichen niederländischen Mentalität der Bewohner nicht sprechen. Ihr ausgeprägter Individualismus läßt es nicht zu. Eines jedoch haben sie gemeinsam: den Stolz auf ihr Land, die Treue zur Krone, den Drang nach persönlicher Unabhängigkeit und Selbstbestimmung und wohl den Wahlspruch: Leben und leben lassen.

## Botschaften

*Botschaft der Bundesrepublik Deutschland,* Groot Hertoginnelaan 18-20, NL-2517 EH Den Haag, Tel. 0 70/46 92 06.

*Botschaft der Republik Österreich,* van Alkemadelaan 342, NL-2597 AS Den Haag, Tel. 0 70/24 54 70.
*Botschaft der Schweiz,* Lange Voorhout 42, NL-2514 EE Den Haag, Tel. 0 70/64 28 31.

# Breda

Breda hat ungefähr 117 000 Einwohner, liegt in der Provinz Noord-Brabant, ist katholischer Bischofssitz und verfügt über eine gut gefächerte Industrie; Stadtrechte seit 1252. Zu Bedeutung gelangte die Stadt erst, nachdem sie durch Heirat an das Haus Nassau gekommen war. Es war die erste Niederlassung dieses Hauses in den Niederlanden. In Breda kam 1566 der Kompromiß von Breda zustande. Damals entschloß sich der niederländische Adel, sich gegen die spanische Herrschaft zu erheben. 1590 wurde die Stadt durch Moritz von Oranien erobert, 1625 durch die Spanier unter Spinola und 1637 unter Friederich Heinrich von Oranien. 1667 fiel im Frieden von Breda, der den niederländisch-englischen Krieg beendete, Neu-Amsterdam, das heutige New York, an die Engländer.
Sehenswert sind in Breda das *Kastell,* die erste Residenz im Renaissancestil in den nördlichen Niederlanden, und die Lieve Vrouwekerk (*Liebfrauenkriche*), eines der schönsten Beispiele brabantischer Gotik. In Zundert, südwestlich von Breda, wurde 1853 Vincent van Gogh geboren.
Das *Stedelijk* (städtische) *Museum* und *Bisschopplijke* (bischöfliche) *Museum,* Grote Markt 19, Tel. 0 76/14 52 42, geben Auskunft über die Geschichte der Stadt. Öffnungszeiten: Montag bis Samstag von 10 – 13 Uhr, nachmittags von 13.45 – 17 Uhr, sonntags von 13.45 – 17 Uhr. Am Kasteelplein 13 befindet sich das *Museum Justinus van Nassau,* ein Volkskundemuseum.

### Breda / **Praktische Informationen**
**Autovermietung:** A.A.A. Roadster B.V., Tel. 0 76/22 72 95.
**Bademöglichkeiten:** Von Breda aus ist man in gut einer Stunde in Bergen op Zoom und kann dort im Meer baden.
**Einkaufen:** Märkte finden fast jeden Tag statt, meist vormittags von 9 – 13 Uhr; dienstags auf dem Grote Markt, donnerstags in der Molstraat, freitags wieder auf dem Grote Markt. Samstags gibt es zwei Märkte, einen am Morgen auf der Vijverstraat und einen am Nachmittag von 14 – 18 Uhr auf dem Haagweg. Flohmarkt ist mittwochs von 10 – 16 Uhr auf dem Grote Markt. Wer will, kann in Breda die echten „brabantse Klompen" (Holzschuhe) kaufen.
**Essen und Trinken:** Gut Bürgerliches zum Touristen-Menüpreis gibt es in „De Boswachter", Huisdreef 4. In der „Auberge de Arent", Schoolstraat 2, kostet ein Menü zwischen 35 und 55 HFL. Wer es billiger haben will, geht in „De Boeren-

stamppot", Schoolstraat 1-5, geöffnet Montag bis Freitag von 11.30 – 19.30 Uhr. Gerichte gibt es ab 5 HFL.
**Kino/Theater:** Filmhuis Concordia, Von Coothplein, Tel. 0 76/22 35 22; Grand-Mignon-Cinesol, Von Coothplein, Tel. 0 76/13 82 00. Theater: Stadchowburg Breda, van Goothplein 37, Tel. 0 76/13 95 85. Cultureel Centrum „De Beyerd", Boschstraat 22, Tel. 0 76/13 25 37.
**Unterkunft:** Im „Hotel Mastbosch", Burg. Kerstenslaan 20, Tel. 0 76/65 00 50, kosten die Zimmer zwischen 64 und 179 HFL. Etwas teurer, aber mit allem Komfort ist das „Novotel", Dr. Batenburglaan 74, Tel. 0 76/65 92 20, Preise zwischen 106 und 129 HFL. Ganz billig übernachtet man im „Sleep-in", Heerban/Prinsenlaan, Tel. 0 76/13 36 37. Nur von Anfang Juni bis Ende August.
Camping: Katjeskelder, NL-4904 SG Oosterhout, Tel. 0 16 20/5 35 39. Leute, die mit Fahrrad und Zelt unterwegs sind, bezahlen 5,50 HFL. Kampzicht, Oosterhoutseweg 7-13, Tel. 0 16 12/26 64. Der Platz liegt östlich von Breda in Richtung Tilburg. Liesbos, Liesdreef 40, Tel. 0 76/14 35 14. Privatunterkünfte über den VVV.
**Verkehrsverbindungen:** regelmäßige Bus- und Bahnverbindungen.
**Wichtige Adressen:** Polizei, Markendaalseweg 60, Tel. 0 76/22 21 44.
Post, Emmastraat 19, Tel. 0 76/22 59 11.
VVV, Willemstraat 17-19, NL-4800 DJ Breda, Tel. 0 76/22 24 44.

# Breskens
Von Breskens aus geht die Fähre nach Vlissingen. Breskens selbst ist eine alte Fischerstadt, und wenn die Fangschiffe einlaufen, kann man frischen Fisch und Krabben kaufen.
**Essen und Trinken:** „De Milliano", Veerplein 1; Menüs zwischen 25 und 33 HFL. „De Milliano", Scheldekade 27; etwas teurer, aber besser à la carte, zwischen 40 und 105 HFL.
**Unterkunft:** Zimmer oder Appartements für 98 bis 135 HFL kann man mieten im „De Milliano", Promenade 4, NL-4511 RB Breskens, Tel. 0 11 72/18 55. Das „Scaldis", Langeweg 3, NL-4511 GA Breskens, Tel. 0 11 72/24 20, nimmt 45 bis 110 HFL für das Zimmer mit Frühstück.
Camping: „Recreatiepark Schoneveld", NL-4511 HR Breskens, Tel. 0 11 72/32 20. „Zeebad Breskens", Nieuwe Sluisweg 5, NL-4510 AA Breskens, Tel. 0 11 72/18 15; der Platz liegt bei einem alten Fort und ist von einer Gracht umgeben. „Napoleon Hoeve", Nieuwe Sluisweg 31, NL-4510 AA Breskens, Tel. 0 11 72/14 28. Etwas südwestlich von Breskens, bei Nieuwvliet, liegen die Plätze „Zonneweelde", Baanstpoldersedijk 1, NL-4504 PS Nieuwvliet, Tel. 0 11 71/19 10, ungefähr 1 km vom Meer entfernt. „International", St. Bavodijk 2d, NL-4504 AA Nieuwvliet, Tel. 0 11 71/12 33, ungefähr 2 km vom Strand entfernt. „Recreatiecentrum Pannenschuur", Zeedijk 19, NL-4504 PP Nieuwvliet, Tel.

0 11 71/13 91. „'t Schorre", Zeedijk 18, NL-4504 PN Nieuwvliet, Tel. 0 11 71/15 37. „Vogelenzang", Mosseldijk 8, NL-4504 SH Nieuwvliet, Tel. 0 11 71/12 96.

## Bunschoten-Spakenburg

Den Besuch von Bunschoten-Spakenburg, etwa 11 km nördlich von Amersfoort, sollte man sich für einen Montag aufsparen. An diesem Tag ist Waschtag, und die Straßen hängen voller Wäsche. Die Frauen tragen noch ihre alten Trachten, die sich vor allem durch die Schulterstücke auszeichnen. Der Ort war früher ein Fischerdorf mit direktem Zugang zur Zuiderzee, dem heutigen Ijsselmeer. Heute müssen die Fischerboote durch Eem- und Gooi-meer ihre Fischgründe im Ijsselmeer suchen. Ursache ist die Anlegung und Landgewinnung durch Zudelijk Flevoland und die Errichtung des Afsluitdijk Den Hoever–Witmarsum, über den die A 7 Amsterdam–Leeuwaarden führt.
Camping: in Spakenburg „Camping Spakenburg", Westdijk 30, NL-37 52 AE Spakenburg, Tel. 0 34 99/8 25 78; der Platz liegt direkt am Eem-meer und ist von April bis ungefähr Ende Oktober geöffnet.

## Bussum

Bussum, eigentlich mehr ein Villenvorort von Amsterdam, ist berühmt durch die größte Rosenschau der Niederlande: *Rozenhof*, Prinses Irenelaan. Auskunft VVV, Wilhelminaplantsoen 6, NL-1404 JB Bussum, Tel. 0 21 59/3 02 64.
Sehr gut essen kann man in „Stoverij", Dr. A. Kuyperlaan 3 (im Theater 't Spant), Tel. 0 21 59/3 43 02.
**Unterkunft:** „Jan Tabak" und „Restaurant Bredius", Amersfoortsestraatweg 27, NL-1401 CV Bussum, Tel. 0 21 59/5 99 11. Camping: „De Fransche Kamp", Fransche Kampweg 3, NL-1406 NV Bussum, Tel. 0 21 59/1 77 51.

**Busverbindungen** → *Reisen im Land*

## Cadzand und Cadzand Bad

Cadzand Bad in Zeeuwsch Vlaanderen ist ein Familienferienort mit einem schönen Strand. Der Ort liegt unmittelbar am „*Zwin*", einem Natur- und Vogelschutzgebiet. Auf dem Strand findet man bei Ebbe, wenn man gegen die Sonne läuft, mit etwas Übung und einem scharfen Auge, prähistorische Haifischzähne. Sie sind schwarz, und der „Anfänger" hält sie für kleine Steine oder Muschelstückchen. Vom Zwin aus kann man bei Ebbe über den Strand bis ins belgische Nobelbad Knokke wandern.

### Cadzand / **Praktische Informationen**
**Essen und Trinken:** Erste Adresse am Ort ist das Hotel und Restaurant „Blanke Top", Boulevard de Wielingen 1, NL-4506 Cadzand Bad, Tel. 0 11 79/20 40. Für ein Essen bezahlt man zwischen 33 und 88 HFL. Dafür entschädigt aber der Blick über Strand und Meer, denn das Hotel liegt oben in den Dünen. Etwas preiswerter ißt man in „De Wielingen", Haventje 1, Tel. 0 11 79/15 11. Ein Menü kostet um die 30 HFL. Italienische Küche (auch zum Mitnehmen) gibt es bei „Italia", Boulevard de Wielingen 3.
**Unterkunft:** Neben privaten Unterkünften wie Häusern und Appartements (Auskunft über den VVV. Die Preise liegen in der Hauptsaison je nach Ausstattung zwischen 500 und 1200 HFL pro Woche für ein Haus und zwischen 400 und 600 HFL für ein Appartement) wohnt man gut im Hotel „De Wielingen", Haventje 1, NL-4506 KM Cadzand Bad, Tel. 0 11 79/15 11. Das Hotel verfügt über 17 Zimmer und 14 Appartements. Die Preise liegen zwischen 116 und 230 HFL mit Frühstück. Halbpension pro Person 130 HFL. Die Zimmer im „Blanke Top", Boulevard De Wielingen 1, NL-4506 JH Cadzand Bad, Tel. 0 11 79/20 40, liegen zwischen 78 und 135 HFL mit Frühstück.
Campingplätze gibt es in Cadzand Bad und zwischen Cadzand Dorp und Cadzand Bad. „Wupen", Vierhondertpolderdijk 1, NL-4506 HK Cadzand, Tel. 0 11 79/15 11, und „Hoogduin", Zwartepolderweg 1, NL-4506 HT Cadzand Bad, Tel. 0 11 79/12 35.
**Wichtige Adressen:** Postamt in Cadzand Dorp, direkt neben der Kirche.
VVV, Boulevard de Wielingen 17a, NL-4506 JH Cadzand Bad, Tel. 0 11 79/12 98.

# Camping
In den Niederlanden gibt es ungefähr 2000 Campingplätze, sowohl am Meer als auch im Landesinneren. Wildes Zelten ist verboten, aber mit etwas Glück findet man bestimmt einen Bauern, der es für ein oder zwei Nächte auf seinem Grund und Boden erlaubt.
Die offiziellen Campingplätze sind in der Regel gut ausgestattet, mit sanitären Anlagen, Sportmöglichkeiten und Schwimmbädern. Empfehlenswert ist die Anschaffung des „Hollandse Campingwijzer". Er erscheint einmal im Jahr bei Sijthoff in Amsterdam, ist im Buchhandel erhältlich und verfügt über ein deutsches Vorwort und eine in deutsch gehaltene Beschreibung der verschiedenen Symbole. Auskünfte erteilen auch der VVV, der ANWB und den niederländischen Touristen- und Reisebüros. Plätze für Zelte oder Wohnwagen sollte man jedoch frühzeitig reservieren, da der Anteil an Dauermietern relativ hoch ist.

## Camperduin

Camperduin liegt nur einige Autominuten von Alkmaar entfernt. Ein kleiner Ort vor allem für Menschen, die das Meer lieben und viel Ruhe haben wollen.
Schöne Campingplätze gibt es in dem Nachbardörfchen Groet, „Groede", Hargerweg 8, NL-1871 PJ Groet, Tel. 0 22 09/15 55, und in Schoorl, Camping „Butter", Heereweg 97, NL-1871 ED Schoorl, Tel. 0 22 09/15 59.
In unmittelbarer Nähe von Camperduin bei der kleinen Ortschaft Aagtdorp liegt die Jugendherberge „Teun de Jager".
Wer kleine, ruhige Orte mag und gerne am Strand spazieren geht, sollte einen Ausflug von Camperduin in südlicher Richtung machen und die beiden Orte Hargen und Hargen aan Zee besuchen.

## Castricum

Funde aus prähistorischer Zeit belegen das Alter des Ortes Castricum. Wer den Badeort heute besucht, findet außer der alten Kirche, die inmitten alter Grabsteine liegt, nicht mehr viel Historisches. Denn im 2. Weltkrieg wurde Castricum zur Festung erklärt, und dazu mußte erst einmal der gesamte Ort dem Erdboden gleich gemacht werden.
**Essen und Trinken:** „Kornman", Mient 1, NL-1901 AB Castricum, Tel. 0 25 18/ 5 22 51; man kann hier auch übernachten, allerdings stehen nur acht Zimmer zur Verfügung.
Camping: „Geversduin", Rijksstraatweg 221, NL-1901 NM Castricum, Tel. 0 25 10/3 26 01; der Platz liegt mitten im Dünenreservat südlich des Ortes.
Die Dünenreservate sind nicht nur Naturschönheiten, sondern haben auch einen ganz praktischen Nutzen. Sie dienen der Trinkwasserversorgung, da sie, um es einfach auszudrücken, wie eine Art Filter arbeiten. Die Dünen sind deshalb auch nicht zugänglich. Im Sommer allerdings finden Führungen statt. Karten und Auskunft beim VVV oder den örtlichen Polizeidienststellen.
Etwas außerhalb, etwa auf halber Strecke zwischen Egmond aan Zee (→ *Egmond*) und Castricum, bei Bakkum Noord, befindet sich die Jugendherberge „Koningsbosch".

**Colynsplaat** → *Veere*

## Delft

Die Stadt Delft, ca. 83 500 Einwohner, vor allem bekannt durch ihr Porzellan, das Delfter Blau, ist als Sitz bedeutender Institute (Hydrologisches Institut, Luftbildinstitut) wie als Industriestadt heute eng mit dem Siedlungskomplex Den Haag verwachsen. Die Delfter Altstadt mit ihren Grachten ist eine der am besten

erhaltenen altholländischen Stadtanlagen. Nördlich der Delfter Stadtgrenze erstreckt sich das Erholungsgebiet *Delfsehout*.
Entstanden ist Delft zwischen 1050 und 1100 aus einem gräflichen Fronhof, der östlich des Flusses Delft an einem Kanal lag. 1268 wurde dieser Ansiedlung das Stadtrecht verliehen. 1572 schloß sich die Stadt den Aufständischen an und wurde 1580 der Wohnsitz des Prinzen von Oranien. Im 16. Jahrhundert verlor die Stadt an Bedeutung. Bekannt und berühmt wurden die Delfter Fayencen – Tonwaren mit Zinnglasur. Heute arbeiten von ursprünglich 30 Fabriken nur noch wenige; die bekannteste ist „De Porceleyne Fles".

## Delft / **Sehenswürdigkeiten**
*Nieuwe Kerk* am Markt; die Kirche wurde 1381 an der Stelle einer Marienerscheinung gebaut. Sie beherbergt das Grabmal Willems van Oranje. Unter dem Grabmal, das eines der bedeutendsten Denkmäler der Renaissance in den Niederlanden ist, befindet sich eine Gruft, in der fast alle Fürsten des Hauses Oranje-Nassau ruhen. Vom alten *Raadhuis* ist nur noch der Belfried (Glockenturm) erhalten. *Oude Kerk*, an der Oude Delft; Wahrzeichen der ursprünglichen Stadtpfarrkirche ist der schiefe Turm. In der Kirche befindet sich das Grabmal der Tochter von Filips van Marnix van St. Adelgonde, dem Dichter des „Wilhelmus", der Nationalhymne der Niederlande. *Prinsenhof*, Agathaplein, gegenüber der Oude Kerk; ursprünglich ein Frauenkloster, residierte hier Willem I. bis zu seiner Ermordung durch Balthasar Gerads am 10.7.1584.
Delft ist Geburtsort vieler bekannter und berühmter Niederländer, der Seehelden Witte de With und Maarten Tromp, des Philosophen und Rechtsgelehrten Hugo Grotius und Wirkungsstätte der Delfter Malerschule um Vermeer van Delft.

## Delft / **Museen**
*Stedelijk* (städtisches) *Museum* im Prinsenhof, geöffnet von Montag bis Samstag von 10 – 17 Uhr und Sonntag von 13 – 17 Uhr. *Museum Lambert van Meerten*, Oude Delft 199, geöffnet Montag bis Samstag von 10 – 17 Uhr, an Sonn- und Feiertagen von 13 – 17 Uhr; ausgesuchte Sammlung alter Kacheln und Kacheltableaus. *Museum Paul Tétar van Elven*, Koornmarkt 67, geöffnet von Mitte April bis Mitte Oktober von Dienstag bis Samstag 11 – 17 Uhr; Sammlung von Gemälden des 19. Jahrhunderts. *Koningklijk Nederlands Leger- en Wapenmuseum* (Armeemuseum), Korte Geer 1, geöffnet nach vorheriger Absprache, Tel. 0 15/ 12 41 26.

## Delft / **Praktische Informationen**
**Autovermietung:** AVIS, Tel. 0 15/61 24 55.
**Bademöglichkeiten:** Nur wenige Kilometer bis zum Seebad Scheveningen.

**Essen und Trinken:** „Het Wapen van Delft", Markt 34, Tel. 0 15/12 31 68, hat neben anderen Gerichten à la carte auch ein Touristenmenü. Preiswert ißt man im „Royal", Voldersgracht 9, geöffnet von Montag bis Samstag von 11 – 1 Uhr, oder in „De Kurk", Kromstraat 20, geöffnet Samstag bis 2 Uhr. „Le Chevalier", Oude Delft 124.
**Kino:** Filmhuis, Kromstraat 27, Tel. 0 15/14 02 26.
**Unterkunft:** „De Ark", Koornmarkt 65. „De Vlaming", Vlamingstraat 52. Beide nicht billig, aber gut. Einzelzimmer um die 100 HFL mit Frühstück.
Camping: „Hertenkamp", Brasserskade oder am wenige Kilometer entfernten Strand bei Kijkduin (Den Haag): „Camping Ockenburgh", Wijndaelerweg 25, Tel. 0 70/25 23 64. In unmittelbarer Nähe befindet sich auch die Jugendherberge Ockenburgh.
**Wichtige Adressen:** Polizei, Westvest 35, Tel. 0 15/13 31 11.
Post, Papsauwselaan 291, Tel. 0 15/56 92 63.
VVV, Markt 85, Tel. 0 15/12 61 00.
Sonstiges: Delft ist eine Grachtenstadt. Im Sommer gibt es organisierte Rundfahrten. Auskunft über VVV.

**Den Bosch** → *'s Hertogenbosch*

# Den Haag
(eigentlicher Name: 's-Gravenhage), königliche Residenz, Sitz der Regierung und Hauptstadt der Provinz Zuidholland. Die Einwohnerzahl beträgt (einschließlich Scheveningen, Loosduinen und der Gemeinden Rijswijk und Voorburg) rund 600 000. Den Haag liegt ca. 5 km von der Nordsee zwischen den Mündungen des Oude Rijn und der Nieuwe Maas. Die Stadt ist Sitz des höchsten niederländischen Gerichts (Hoge Raad), des Internationalen Gerichtshofs und des ständigen Schiedshofs mit der Internationalen Völkerrechtsakademie im Friedenspalast. Hervorgegangen ist Den Haag aus dem Jagdschloß der Grafen von Holland ('s-Gravenhage = Hain des Grafen).
Seit dem 16. Jahrhundert ist Den Haag Sitz der Generalstaaten und Residenz der Statthalter. Stadtrechte erhielt Den Haag durch Ludwig Bonaparte, den Bruder Napoleons, der von 1806 – 1810 König von Holland war. Im Binnenhof, in dessen Mitte sich der Ridderzaal befindet, tritt das niederländische Parlament zusammen.

Den Haag / **Sehenswürdigkeiten**
*Mauritshuis*, Korte Vijverberg 8, geöffnet an Wochentagen von 10 – 17 Uhr und an Sonn- und Feiertagen von 11 – 17 Uhr (außer 1.1.). Auftraggeber war Johan Maurits von Nassau-Siegen. Heute befindet sich in dem Haus das königliche

Gemäldekabinett mit Gemälden von Vermeer, Rembrandt, Potter, Frans Hals und anderen. *Gevangenenpoort*, das Gefängnis, Buitenhof. Der *Groenmarkt*, der zentrale Platz Den Haags. Das *Raadhuis* am Groenmarkt. *Friedenspalast* an der Laan van Meerdervoort, Sitz des Internationalen Gerichtshofs; zur Ausstattung des Gebäudes haben alle Nationen der Welt beigetragen; geöffnet Montag bis Freitag von 10 – 12 Uhr, an Samstagen und Sonntagen nur Gruppenführungen nach Vereinbarung. *Kastell Duivenvoorde*, Laan van Duivenvoorde 4, von Oktober bis März geschlossen, sonst Führungen Dienstag, Donnerstag und Samstag 11.30, 14 und 15 Uhr. Mittwoch 14.30. *Huis ten Bosch*, wird noch von der Königin bewohnt und kann nicht besichtigt werden. Der VVV in Den Haag gibt ein Faltblatt heraus für eine „Jugendstilwanderung durch Den Haag".

## Den Haag / **Museen**
*Museum Meermanno-Westreenianum,* Prinsessegracht 30, geöffnet Dienstag bis Samstag von 13 – 17 Uhr; Sammlung von Handschriften, Inkunabeln und historischen Drucken. *Museum Bredius,* Prinsegracht 6, geöffnet täglich von 10 – 17 Uhr, sonntags von 13 – 17 Uhr. *Panorama Mesdag,* Zeestraat 65, geöffnet von April bis September Dienstag bis Samstag von 10 – 17 Uhr, Oktober bis März Dienstag bis Samstag von 10 – 15 Uhr. Sonn- und Feiertage ab 12 Uhr. Im eigentlichen Sinne kein Museum. Zu sehen ist ein 120 m langes und 14 m hohes Gemälde der Eheleute Theophile de Bock und Hendrik Breitner, das einen täuschend echten Rundblick über Scheveningen mit Meer und Dünen bietet. *Koningklijk Penningkabinett*, Zeestraat 71, geöffnet Dienstag bis Freitag von 10 – 12.30 Uhr und von 14 – 17 Uhr, Samstag von 10 – 12.30 Uhr, an Sonn- und Feiertagen geschlossen. Münzen, Medaillen und antike Gemmen. *Rijksmuseum H. W. Mesdag*, Laan van Meerdervoort 7, geöffnet Dienstag bis Samstag von 10 – 17 Uhr, an Sonn- und Feiertagen von 13 – 17 Uhr. Werke des Malers Mesdag (Seemaler), Delacroix, Millet u.a. *Gemeentemuseum*, Stadhouderslaan 41, geöffnet von Dienstag bis Samstag 10 – 17 Uhr, an Sonn- und Feiertagen von 13 – 17 Uhr.

## Den Haag / **Praktische Informationen**
**Ärztliche Versorgung:** Krankenhäuser befinden sich am Westvlietweg und in der Escamplaan/Ecke Leyweg.
**Autovermietung:** Avis, Tel. 0 70/85 06 98.
**Bademöglichkeiten:** Den Haag liegt nur ca. 5 km vom Meer entfernt. Zum Baden fährt man am besten ins Seebad Scheveningen.
**Einkaufen:** Im Zentrum der Stadt findet man alle wichtigen Geschäfte. Den Haag ist auf Grund der Einwohnerstruktur kein „billiges Pflaster".
**Essen und Trinken:** „Saur Oesterbar", Lange Voorhout 47, Samstagmittag und an Sonn- und Feiertagen geschlossen; Essen incl. Wein ca. 100 HFL pro Per-

▲ *Wind und immer einen Meter Wasser unterm Kiel: Segelboote auf dem Ijsselmeer*

▼ *Wer sucht, der findet fast alles auf der Leidsestraat in Amsterdam*

son. Voranmeldung Tel. 0 70/46 25 65. „Auberge de Kievit", Stoeplaan 27 (Wassenaar); hochwertiges, kleines Landhotel mit erstklassiger Küche, Tel. 0 70/17 51/7 94 03. „House of Lords", Hofstraat 4, Sonntag und Montag geschlossen; Jugendstilhaus aus der Zeit um 1900, Tel. 0 70/64 47 71. „Bajazzo", Vos in Tuinstraat 2 a, nur abends geöffnet; Treffpunkt der Schickeria von Den Haag, Tel. 0 70/65 95 67. „Berlage Bodega", Kerkplein 1, Tel. 0 70/65 74 66. „'t Goude Hooft", Groenmarkt 13, Tel. 0 70/46 97 13". „Hollands Glorie", Nieuwestraat 26, geöffnet Montag bis Freitag von 12 – 14 und 17 – 19.30 Uhr. „Mac Gierst", Prinsengracht 38, geöffnet täglich von 17 – 20 Uhr.
Cafés: „De Gouden Poort", P. Halsstraat 22, gute Weine, kleine Happen. „Sherry's", Buitenhof. Für Schwule: „Boko", Nieuwe Schoolstraat 1.
**Nachtleben:** „Mayfair" mit Striptease in der Bilderdijkstraat. Ein Sex-Club ist „Kit-Kat" in der Herenstraat 6 (nomen est omen), Tel. 0 70/65 86 96. An der Herengracht: „Alexandra", Herengracht 13a, Tel. 0 70/60 20 04.
Discos in der Javastraat 132, „De Cauds". „De Marathon" auf dem Wijndalerweg oder „Toys" in der Casauisstraat 1a.
**Theater:** Koningklijke Schouwburg, Korte Voorhout 3.
**Kinos:** Haage Filmhuis, Denneweg 56, Tel. 0 70/45 99 00/46 95 18; Kijkhuis, Noordeinde 140, Tel. 0 70/64 48 05.
**Unterkunft:** Hotels: „Hotels des Indes", Lange Voorhout 54, Tel. 0 70/46 95 53; im Stil des traditionellen Grand-Hotels; originell, kurios und luxuriös. Preise 130 bis 230 HFL. „Bel Air", Johan de Wittlaan 31, Tel. 0 70/57 20 11. „The New Corner", Van Merlenstraat 132, Tel. 0 70/45 84 98.
Camping: Ockenburgh, Wijndaelerweg 25, Tel. 0 70/25 23 64, liegt westlich von Den Haag, ca. 20 Minuten vom Zentrum entfernt; sehr gut ausgestattet. Privatquartiere vermittelt der VVV.
**Wichtige Adressen und Rufnummern:** Ambulanz/Notruf: Tel. 22 21 11. Polizei: Tel. 22 22 22. Feuer: Tel. 22 23 33. Panne: Tel. 63 69 68. Bei Autounfällen ANWB: Tel. 26 44 26. Polizei, Patijnlaan 35, Tel. 0 70/1 04 91. Post, Nobelstraat, Tel. 0 70/71 94 49. VVV, Koningin Julianaplein 7, Tel. 0 70/54 62 00 (direkt am Hauptbahnhof).
Sonstiges: Nationaal Bureau voor Tourisme, Bezuidenhoutseweg 2, Tel. 0 70/81 41 91. De Nationale Ombudsman, Postbus 302000, NL-2500 GE 's-Gravenhage, Tel. 0 70/89 89 89.
De Stichting Consumentenklachten, Surinamestraat 4, NL-2585 GJ 's-Gravenhage, Tel. 0 70/60 69 30.

# Deventer

Deventer, die alte Hansestadt an der Ijssel, wurde zum ersten Mal 768 erwähnt. Es ging um den Bau einer Kapelle durch den Mönch Lebuinus. Die Bischöfe von Utrecht verlegten ihren Sitz von 866 – 918 auf der Flucht vor den Normannen hierher. Kaiser Heinrich III. machte es ihnen 1046 zum Geschenk. Im Jahr 1123 erhielt Deventer Stadtrechte und trat im 13. Jahrhundert der Hanse bei. Ein großer Sohn der Stadt war zu dieser Zeit Geer Groote, der Begründer der Devotio Moderna. Durch ihn wurde die Stadt zum Zentrum der Vorreformation. Die Vereinigung der „Brüder des gemeinsamen Lebens" geht auf seine Anregung zurück. Er selbst gründete das Institut der „Schwestern vom gemeinsamen Leben". Kern der Devotio Moderna, der neuen Frömmigkeit, war die praktisch-erbauliche Betrachtung und mystische Versenkung des einzelnen Menschen in das Leben Jesu im Gegensatz zur objektiven und an äußere Formen gebundenen Frömmigkeit des Mittelalters. Die Devotio Moderna nahm innerhalb der katholischen Kirche das Frömmigkeitsideal des Pietismus vorweg. Einen starken Einfluß hatte diese Richtung auf Ignatius von Loyola (→ *Zwolle*). Seit dem 16. Jahrhundert verlor die Stadt mehr und mehr an Bedeutung. 1591 kam sie endgültig an die Republik.

### Deventer / **Sehenswürdigkeiten**
Zentrum der Stadt ist die *Waage*, in der sich heute ein Museum befindet. Das Gebäude stammt aus dem Jahr 1528 und diente sowohl als Waage als auch als Hauptwache. *St. Lebuinuskerk;* 1046 errichtete der Utrechter Bischof an der Stelle der Kapelle des Lebuinus eine Stiftskirche. Diese neue Kirche war zu dieser Zeit eine der bedeutendsten Kirchen des Kaiserreichs und Vorbild für andere. *Raadhuis;* es befindet sich am Grote Kerkhof und ist ein Bau des Spätbarocks in Holland. Reste eines karolingischen Hauses kann man am Sandrasteeg finden. Das *Buyskenskloster* beherbergt die bekannte Athenaeumbibliothek, die insgesamt aus 100.000 Büchern besteht, darunter allein 500 Wiegendrucke und Handschriften.

### Deventer / **Museen**
*Stedelijk* (städtisches) *Museum* „De Waag", geöffnet Dienstag bis Samstag von 10 – 12.30 und 14 – 17 Uhr, Brink 57; Gemälde, alte Küchen, alte Fahrräder. *Trachten- und Spielzeugmuseum*, Haus „De Drie Haringen", geöffnet Dienstag bis Samstag von 10 – 12.30 und 14 – 17 Uhr, zeigt altes Spielzeug, Trachten und Stilräume. Ein spezielles *Museum für mechanisches Spielzeug* findet man in der Noordenbergstraat 9; geöffnet Dienstag bis Samstag von 10 – 12.30 und 14 – 17 Uhr, Sonntag von 14 – 17 Uhr. Das *Albert-Schweitzer-Zentrum*, Brink 89, ist geöffnet Dienstag bis Freitag von 9 – 12 und 14 – 17 Uhr und am Samstag von 13 – 16 Uhr. Ein Informationszentrum für bemannte Raumfahrt, das *Space Centre Deventer*, befindet sich im Muntetoren.

### Deventer / **Praktische Informationen**
**Ärztliche Versorgung:** Krankenhaus, Ceintuurbaan und van Oldenielstraat. Daneben gibt es in Deventer noch ein Psychiatrisches Krankenhaus.

**Bademöglichkeiten:** beheiztes Freibad, Esdoornlaan 32.
**Einkaufen:** in und um die Lange Bisschopstraat. donnerstagabends und samstags Antiquitätenmarkt im Storenzetstershuisje der ehemaligen Marienkirche an der Nordwestecke der St. Lebuinuskerk.
**Essen und Trinken:** „'t Arsenaal", Nieuwe Markt 33; Essen à la carte 38 bis 61 HFL. Die gleiche Klasse hat das „Petit Gourment", Dorpstraat 12 in Twello, etwa 4 km südwestlich vom Zentrum Deventer. Preiswerter ist das Essen in „De Crädenburg", Kanaaldijk Oost 16, oder in „Het Ijsselhotel", Worp 2. Beide bieten ein Touristenmenü an.
**Theater:** Theater in der Polstraat.
**Kino:** Filmhuis Roggestraat, Roggestraat 3, Tel. 0 57 00/1 88 22.
**Unterkunft:** „Postiljon Motel", Deventer, Deventerweg 121, NL-7418 DA Deventer, Tel. 0 57 00/2 40 22. Nicht ganz preiswert, Preise um die 100 HFL für ein Einzelzimmer. Hat aber mit über 100 Zimmern immer eins frei. „Royal", Tel. 0 57 00/1 18 80.
Camping: De Vlinderhoeve, Bathmensweg 5, NL-7216 PB Grossel, Tel. 0 57 33/ 3 54.
**Verkehrsverbindungen:** Anschluß an die Autobahn A 1. Bahnstation. Flugplatz: Vliegveld Twente.
**Wichtige Adressen:** Polizei, Muggeplein 10, Tel. 0 57 00/9 39 11.
Post, Diepenveenseweg 1, Tel. 0 57 00/3 44 22.
VVV, Brink 55, NL-7411 BR Deventer, Tel. 0 57 00/1 62 00.
Sonstiges: 9-Loch-Golfplatz, Tel. 0 57 09/12 14. Wer Deventer per Boot kennenlernen möchte, ist richtig bei der Reederei Scheers, Worp 39.

# Diebstahl

Besondere Vorsicht ist eigentlich nur in Amsterdam geboten. Vor allem Autofahrer sollten hier aufpassen. Es ist ratsam, das Handschuhfach auszuräumen und offen zu lassen, Radios nach Möglichkeit auszubauen und keine wertvollen Sachen im Kofferraum oder im Wageninneren aufzubewahren. Sollte doch einmal etwas passieren, wendet man sich am besten an die Polizei.
Wichtig ist auch zu wissen, daß es in den Niederlanden keinen einheitlichen Notruf gibt, sondern daß jede Stadt ihre eigene Nummer hat (→ in den jeweiligen Orten „*Wichtige Adressen*").
→ *Verhalten, Botschaften, Polizei, Notfall, Kriminalität*

# Dokumente

Zur Einreise in die Niederlande benötigen Westeuropäer einen gültigen Reisepaß oder einen Personalausweis, wenn der Aufenthalt nicht länger als drei Monate dauert. Wer nur einen Tag in die Niederlande einreisen möchte und seinen Ausweis vergessen hat, erhält an der Grenze ein Tagesvisum, wenn er seine

▲ *Typischer geht's nicht mehr: Tulpenfelder und Windmühle*

▼ *Neben dem Fahrrad oft das schnellste Beförderungsmittel in Amsterdam: das Ausflugsboot.*

Identität mit einem anderen Dokument – z.B. Führerschein – belegen kann. Kinder unter sechzehn Jahren benötigen keinen eigenen Ausweis, wenn sie im Paß der Eltern eingetragen sind. Wer mit dem Wagen einreist oder im Land einen Wagen mieten will, braucht einen gültigen Führerschein seines Heimatlandes und für den Wagen eine Zulassung. Das Mitführen einer grünen Versicherungskarte ist zwar keine Pflicht, aber anzuraten. Für den Wagen braucht man darüber hinaus ein Länderbezeichnungsschild (z.B. „D" für die Bundesrepublik Deutschland). Für Haustiere werden eine amtsärztliche Erklärung und ein Impfpaß verlangt.

Wer länger im Land bleiben will, sollte sich von seiner Krankenkasse einen Auslandskrankenschein ausstellen lassen. Eine Genehmigung braucht man für Autotelefon (wird aber selten an der Grenze verlangt), für CB-Funk und Funksprechgeräte. Wer auf Nummer Sicher gehen will, holt sich beim Radio Controle Dienst, Postbus 570, NL-9700 Groningen, Tel. 0 50/60 91 11 einen Antrag auf Genehmigung, die 12 Monate gültig ist. Auch Waffenbesitzer mit einem gültigen Waffenschein dürfen ihre Waffen nicht in die Niederlande einführen. Dieses Verbot gilt übrigens nicht nur für Feuerwaffen, sondern auch für Messer, Schlagstöcke und -ringe oder ähnliches.

Motorboote, die schneller als 160 km/h fahren, müssen registriert und versichert sein.

# Domburg

Domburg ist der älteste Badeort von Zeeland. Und das im wahrsten Sinne des Wortes, denn bereits die Römer hatten hier eine Siedlung. In Domburg lag auch das Heiligtum der germanischen Göttin Nehalennia. Teile des ihr geweihten Altars sind im Museum in Middelburg (→ *Middelburg*) zu besichtigen. Neben königlichen Hoheiten, wie der rumänischen Königin Carmen Silvia, lebten und arbeiteten viele bedeutende Künstler in Domburg, wie der niederländische Symbolist Jan Toorop und der Maler Piet Mondrian.

**Essen und Trinken:** „Juliana", Oststraat 9.
**Unterkunft:** „The Wigwam", Herenstraat 12, NL-4357 AL Domburg, Tel. 0 11 88/12 75. „Wilhelmina", Noordstraat 20, NL-4357 AP Domburg, Tel. 0 11 88/12 62. „De Burg", Oosterstraat 5, NL-4357 BE Domburg, Tel. 0 11 88/13 37.

Jugendherberge Nieuw Walcheren. Camping: Domburg, Schlepweg 7, NL-4357 RD Domburg, Tel. 0 11 88/16 79; der Platz liegt nur 500 m vom Strand entfernt und ist ein idealer Familiencampingplatz. Etwas östlich von Domburg liegt „Westhove", Westhovenseweg 1a, NL-4363 Aagtekerke, Tel. 0 88 11/18 09.

**Sonstiges:** Das Schlößchen Westhove. Früher empfingen hier die Äbte von Middelburg ihre Gäste. Der Park ist für Spaziergänger offen. In einem Nebengebäude des Schlößchens befindet sich ein kleines, aber sehenswertes und lehrreiches biologisches Museum. In Domburg gibt es sogar ein Denkmal für einen

Deutschen, den Wiesbadener Arzt J. Metzger, der sich um das „Badeleben" verdient gemacht hat.
9-Loch-Golfplatz, Schlepweg 26, Tel. 0 11 88/15 73; der Platz liegt direkt in den Dünen und ist nicht ganz einfach zu spielen, vor allem bei stärkerem Wind.
Auskunft: VVV, Badhuisweg 1a, NL-4357 AV Domburg, Tel. 0 11 88/13 42.
Busverbindung nach Verre und Middelburg.

## Egmond
Egmond ist ein ehemaliges Fischerdorf, unweit der Stadt Alkmaar. Die Gemeinde umfaßt die drei Dörfer Egmond aan Zee, Egmond aan de Hoef und Egmond Binnen. Für Badeurlauber bietet Egmond aan Zee einen schönen, breiten Sandstrand, der von Dünen landeinwärts abgeschirmt wird.

### Egmond / **Geschichte**
Von der Burg des in Brüssel enthaupteten Grafen von Egmond sind nur noch ein paar Ruinen übrig. Der Graf sympathisierte zwar mit den Aufständischen, wollte aber selbst nicht kämpfen. Dennoch wurde er zusammen mit dem Grafen von Hoorne 1567 enthauptet. Die Geschichte ist buchstäblich in die Geschichte, vor allem in die der Literatur eingegangen. Goethe schrieb 1787 sein Trauerspiel „Egmont". Und Schiller schrieb 1789 eine historische Abhandlung über „Des Grafen Lamoral von Egmont Leben und Tod".
Egmond Binnen besitzt die älteste Abtei der Niederlande, die bereits 922 an Dirk I., Graf von Holland, kam. Sie war ein Geschenk des westfränkischen Königs Karl.

### Egmond / **Praktische Informationen**
**Essen und Trinken:** „Altenburg", Boulevard 7. „La Chatelaine", Smidstraat 7. „D'oude Clipper", Smidstraat 8.
**Unterkunft:** „Bellevue", Boulevard A 7, NL-1931 CJ Egmond aan Zee, Tel. 0 22 06/10 25. „Golfzang", Boulevard Ir. de Vassy 19, NL-1931 CN Egmond aan Zee, Tel. 0 22 06/15 16.
Jugendherberge: „Klein Rinnegom" bei Rinnegom. Camping: „de Egmonden", Nollenweg 1, NL-1931 AV Egmond aan Zee, Tel. 0 22 06/17 02; der Platz liegt nur 1 km vom Meer entfernt. Leider gibt es nur eine begrenzte Anzahl Plätze für Touristen.

## Eindhoven
Eindhoven ist eine moderne Industriestadt mit rund 194 000 Einwohner. Sie liegt in der Provinz Noordbrabant an der Dommel und ist durch den Beatrix- und Eind-

hovenkanal an das niederländische Kanalnetz angeschlossen. Eindhoven hat eine Technische Hochschule und ist Sitz der 1891 gegründeten Philipswerke und der Doornesche Automobilfabrik DAF. Eindhoven ist Zentrum des Kemperlandes. Stadtrechte erhielt die Stadt bereits 1232. Dennoch sind alte Baudenkmäler hier schwer im Museum zu finden, da die Stadt im 80jährigen Krieg mehrmals fast völlig zerstört wurde. So gesehen ist Eindhoven eine moderne Stadt mit moderner Architektur. Das Rathaus am Stadhuisplein wurde 1965/69 erbaut, de Bijenkorf, ein Kaufhaus, 1966 nach Plänen des Italieners Gio Ponti. Das bekannteste Gebäude der Stadt ist sicherlich das Evoluon, in der Form einer fliegenden Untertasse.

Eindhoven / **Museen**
*Stedelijk van Abbé Museum*, Bilderdijklaan 10, geöffnet täglich, außer Montag, von 10 – 17 Uhr. Wenn das städtische Standesamt am Wochenende geschlossen ist, wird hier im Museum geheiratet. Im Museum findet man vor allem eine Sammlung moderner Kunst des 20. Jahrhunderts mit Werken von Picasso, Malern der Gruppen De Stijl, Cobra und Zero. *Museum Kemperland*, Stratumplein 32, täglich geöffnet von 10 – 17 Uhr, Samstag und Sonntag von 13 – 17 Uhr; ein Heimatmuseum, das die Geschichte der Stadt und des Umlands zeigt. *Museum für Wissenschaft und Technik „Evoluon",* Noord Brabantlaan 1a, Tel. 0 40/51 27 36; geöffnet Montag bis Freitag von 9.30 – 17.30 Uhr, Samstag von 10 – 17 Uhr und Sonntag von 12 – 17 Uhr. Das Museum bringt in anschaulicher Weise die Errungenschaften von Wissenschaft und Technik nahe. An vielen Apparaten kann der Besucher selbst Experimente durchführen.

Eindhoven / **Praktische Informationen**
**Ärztliche Versorgung:** Krankenhäuser befinden sich an der Floralaanwest und der Orpheuslaan.
**Autovermietung:** Avis, Tel. 0 40/12 52 15. Hertz, Eindhoven A/P, Tel. 0 40/52 11 11 und Marconilaan 1, Tel. 0 40/44 39 81. InterRent, Julianastraat 81, Tel. 0 40/43 70 1.
**Bademöglichkeiten:** zwei Hallenbäder. Freibäder, „De Ijzeren Man", Javalaan und „Sportfondsen bad", Stratumsedijk.
**Essen und Trinken:** „Borobudur", Kruisstraat 103; indonesisch. „De Bus", Nieuwstraat 9. „Mei-Ling", Geldropseweg 17; chinesisch. „The Gandhi", Willemstraat 43 a; indisch. „Van Tournhout", St. Trudoplein 7. „The Fisherman", Aalsterweg 117. „Karpendonkse Hoeve", Sumatralaan 3, Tel. 0 40/44 37 86.
**Theater/Kino:** De Krabbedans, Stratumseind 32, Tel. 0 40/44 65 34; SKVE-Bioscoop 't 90, Stratumsedijk 22, Tel. 0 40/11 63 07. Theater, Stadschouwburg, Stratumsedijk. Philips Freizeitzentrum: Kino, Theater, Restaurant, Sportveranstaltungen.

▲ Montags bei gutem Wetter hängt die Wäsche in Bunschoten-Spakenburg auf der Straße

▼ Oase im Getriebe einer hektischen Weltstadt: Begijnenhof in Amsterdam

**Unterkunft:** „Cocagne et Rest. Etoile", Vestdijk 47, NL-5611 CA Eindhoven, Tel. 0 40/44 47 55; sehr teuer und groß, 205 Zimmer und Preise ab 136 HFL mit Frühstück. Noch etwas teurer, aber mit allem Komfort ist das „Holiday Inn" Eindhoven, Veldm. Montgomerylaan 1, NL-5612 BA Eindhoven, Tel. 0 40/43 32 22. Für ein Einzelzimmer bezahlt man fast 150 HFL. „De Ridder", Hertogstraat 15, Tel. 0 40/12 07 67. Um die 50 HFL bezahlt man im Hotel „Eikenburg", Aalsterweg 281, Tel. 0 40/11 09 57, und im „Motel Eindhoven", Aalsterweg 322, Tel. 11 60 33.
Jugendherberge in Valkenswaard, südlich von Eindhoven: „Harba Lorifa", Valkenswaard Sportcomplex, NL-5552 BG Valkenswaard, Tel. 0 49 02/1 53 34.
Camping: Eindhoven, Landsard 15, NL-5657 AJ Eindhoven, Tel. 0 49 09/13 14. Über die N 2 (nicht über die Autobahn) nach Acht. „Vakantieoord 't Vlutterke", Kleine Vliet 2, NL-5507 PX Oerle, Tel. 0 49 05/13 81; südwestlich von Eindhoven.
**Verkehrsverbindungen:** Anschluß an Autoreisezug. Tel. 0 40/44 89 40. Bahnverkehrsknotenpunkt. Flugplatz Welschap, Tel. 0 40/51 61 42. Verbindung mit Maastricht, Rotterdam, Amsterdam, Paris und Hamburg.
**Wichtige Adressen:** Polizei, Mathildelaan 4, Tel. 0 40/33 22 11.
Post, Stationsplein 1, Tel. 0 40/32 19 11.
VVV: Stationsplein 17, NL-5611 AC Eindhoven, Tel. 0 40/44 92 31.
Sonstiges: 18-Loch-Golfplatz, Eindhovenseweg 300, Tel. 0 49 02/1 27 13. Kunsteisbahn, geöffnet von Mitte Oktober bis Mitte April an der Anton Coolenlaan. Sternwarte und Radiomonument in den Städtischen Parkanlagen.
Südlich von Eindhoven noch hinter Valkenswaard liegt das Erholungszentrum „Eurostrand", Ausflugsziel vor allem für Familien. Mit Campingplätzen, Wassersportmöglichkeiten, Sportplätzen, Trampolinpark und Minicarstrecke. Ganz in der Nähe liegt das Naturschutzgebiet „De Malpie". Überhaupt haben Noord-Brabant und die weitere Umgebung Eindhovens einiges zu bieten: Moore und Heiden, weite Sandflächen, wie die brabantse Sahara (Loonse und Drunense Dünen) neben modernen Städten und kleinen, abgelegenen Dörfern.

# Einkaufen

Zigaretten, Tabak, Tee und Kaffee sind in Holland immer noch preiswert.
Liebhaber von Antiquitäten können in den Niederlanden auch heute noch ein Schnäppchen machen.
Geschäfte, Läden und vor allem die zahlreichen Märkte bieten jedem und für jeden Geldbeutel etwas. Sei es Silberschmuck aus Zeeland oder Pflanzen aus Maastricht. Bei letzteren sollte man jedoch auf jeden Fall'an den Transport denken. In den meisten Geschäften kann man mit Euro-Schecks oder mit Kreditkarten beziehen. Die Öffnungszeiten sind im allgemeinen von Montag bis Freitag von 8.30 – 17.30 Uhr und Samstag von 8.30 bis 16 Uhr. Einmal in der Woche gibt

es einen „Koopavond". Dann sind die Geschäfte bis 21 Uhr geöffnet, öffnen dafür aber an einem anderen Tag – meist Montag – erst gegen Mittag. In der Hauptferienzeit haben dafür viele Geschäfte in den Ferienzentren auch an Sonn- und Feiertagen geöffnet. Große Preisunterschiede zur Bundesrepublik, zu Österreich und der Schweiz gibt es nicht. In den Hauptferienzentren können die Preise etwas höher liegen als im Landesdurchschnitt. Dafür sind aber auch viele Geschäfte an Sonn- und Feiertagen geöffnet.

**Einreise**→ *Dokumente, Zoll, Tiere*

# Enkhuizen

Die grachtenreiche Stadt in der Provinz Nordholland hat 10 500 Einwohner, ist Sitz des Blumenknollenhandels und beherbergt das Zuiderzeemuseum.

Die Hansestadt Enkhuizen erhielt 1535 Stadtrechte. Seine Blütezeit erlebte der Ort im 16. Jahrhundert. Erst mit der Verlegung des Handels nach Amsterdam verlor Enkhuizen im 18. Jahrhundert seine Bedeutung.

Mit den Städten Hoorn und Medemblik bildet Enkhuizen das sog. historische Städtedreieck. Nicht versäumen sollte man diese kleine Dreistädtetour mit historischer Eisenbahn und Salonschiff. Der Dampfzug mit Speisewagen verkehrt zwischen Hoorn und Medemblik und zwischen Medemblik und Enkhuizen das alte Salonschiff. Eine einfache Fahrt mit Zug oder Schiff kostet 8,50 HFL. Für Hin- und Rückfahrt zahlt man 14 HFL.

Informationen erteilt: Centraal Boekingskantoor, Postbus 137, NL-1620 AC Enkhuizen, Tel. 0 22 90/1 48 62.

Enkhuizen ist Ausgangshafen für das Ijsselmeer nach Friesland und verfügt über einen Jachthafen und ein Binnenmuseum.

Sehenswert ist in Enkhuizen neben dem Dampfmaschinenmuseum in Bahnhofsnähe das *Zuidermeermuseum*, ein riesiges Gelände mit einem der schönsten Freilichtmuseen nicht nur der Niederlande. Das Museum ist nur per Fähre zu erreichen. Boote fahren alle Viertelstunde vom Parkplatz oder vom Bahnhof aus. Das Museum zeigt stilecht Leben und Arbeit der Menschen rund um die Zuiderzeek, bevor diese eingedeicht zum Ijsselmeer wurde. Dem Freilichtmuseum angeschlossen ist das sog. Binnenmuseum, ein Schiffsmuseum, in dem alles rund um das Schiff gezeigt wird.

Geöffnet ist das Museum vom 12.4. bis zum 19.10. täglich von 10 – 17 Uhr. Die Kasse schließt allerdings schon um 16 Uhr. Der Eintrittspreis beträgt für Erwachsene 9 HFL und für Kinder von 6 – 18 Jahre 7 HFL. Für Gruppen gibt es nach vorheriger Anmeldung Ermäßigung. Im Preis inbegriffen ist ein kostenloser Parkplatz, das Übersetzen mit dem Schiff, die Rückfahrt, der Eintritt für beide Museen sowie alle Veranstaltungen und Ausstellungen.

Auskunft: Rijksmuseum Zuiderzee, Wierdijk 18, NL-1601 LA Enkhuizen, Tel. 0 22 80/1 01 22.

Enkhuizen / **Praktische Informationen**
**Ärztliche Versorgung:** Das Krankenhaus von Enkhuizen befindet sich an der Vijzellstraat in der Nähe des Sijbrandsplein.
**Bademöglichkeiten:** am Ijsselmeer oder im Hallenbad an der Westerstraat.
**Essen und Trinken:** „Veerman", Schimmelstraat 10, „Markerwaard", Dijk 62 und „Die drei Haringhe", Dijk 28 bieten à la carte ab 39 HFL. Preiswerte Menüs ab 16,75 HFL serviert „Het Wapen van Enkhuizen", Breedstraat 59. Lecker und verhältnismäßig preiswert kann man auch in der „Mastenbar" im Jachthafen essen. Mitten in der Fußgängerzone befindet sich das „Petit Restaurant", Westerstraat 66, das zu familienfreundlichen Preisen ansehnliche Portionen anbietet. Eine „Frittenbude" besonderer Art ist „Broodje Botman" an einer Parallelstraße zur Fußgängerzone (gegenüber Einkaufspassage). Hier gibt es lecker und individuell zubereitete Milchbrötchen mit verschiedenen Wurst- und Käsewaren (sonntags geschlossen). Eigene Metzgerei!
**Sport:** Enkhuizen ist ein Treffpunkt für Surfer vom Anfänger bis zum Könner. Es wurde ein eigener Platz für Surfer bereitgestellt (am nördlichen Rand von Enkhuizen, direkt hinter dem Campingplatz). Für Fahrzeuge ist die Durchfahrtshöhe auf 2 Meter begrenzt. Übernachten auf der Wiese ist nicht gestattet, wird jedoch von Surfern immer wieder praktiziert.
**Unterkunft:** Einfachen Komfort mit Preisen ab 43 HFL für ein Einzelzimmer findet man in „Die Port van Cleve", Dijk 74 – 76, Tel. 0 22 80/1 25 10; ebenso im „Het Wapen van Enkhuizen", Breedstraat 59, Tel. 0 22 80/1 34 34. Hier geht es im Sommer zuweilen recht laut zu (Bar im Hause); deswegen nichts für Leute, die früh schlafen wollen. Weitere Auskünfte gibt's auch beim VVV direkt am Bahnhof. Das Doppelzimmer kostet in der Nachbargemeinde Bovenkaarspel ab 60 HFL („Het Roode Hert" an der Hauptstraße).
*Camping:* Ein gepflegter Campingplatz befindet sich direkt hinter dem Zuiderzeemuseum am Ijsselmeer. Ein ruhiger, aber stark frequentierter Platz mit ordentlichen Sanitäranlagen.

# Enschede
Enschede, Verkehrsknotenpunkt am Twentekanal, hat rund 150 000 Einwohner, gilt als Kulturzentrum der Ostniederlande und besitzt eine Technische Hochschule. Entfernung zur deutschen Grenze knapp 7 km.

Enschede / **Geschichte**
Enschede – Anneschethe – wird erstmals im Jahr 1118 erwähnt. Stadtrechte vermutlich seit 1325. 1597 ergab sich die Stadt ohne Widerstand Moritz von Oranien. Im 16. Jahrhundert Entwicklung einer bedeutenden Leinenweberei. Nach der Loslösung von Belgien im Jahr 1830 wurde die Baumwollindustrie verstärkt gefördert. Ein verheerender Brand im Jahr 1862 zerstörte die Stadt, und sie wur-

*Beschützt und doch nicht verborgen: Sonnenbaden in Scheveningen* ▶

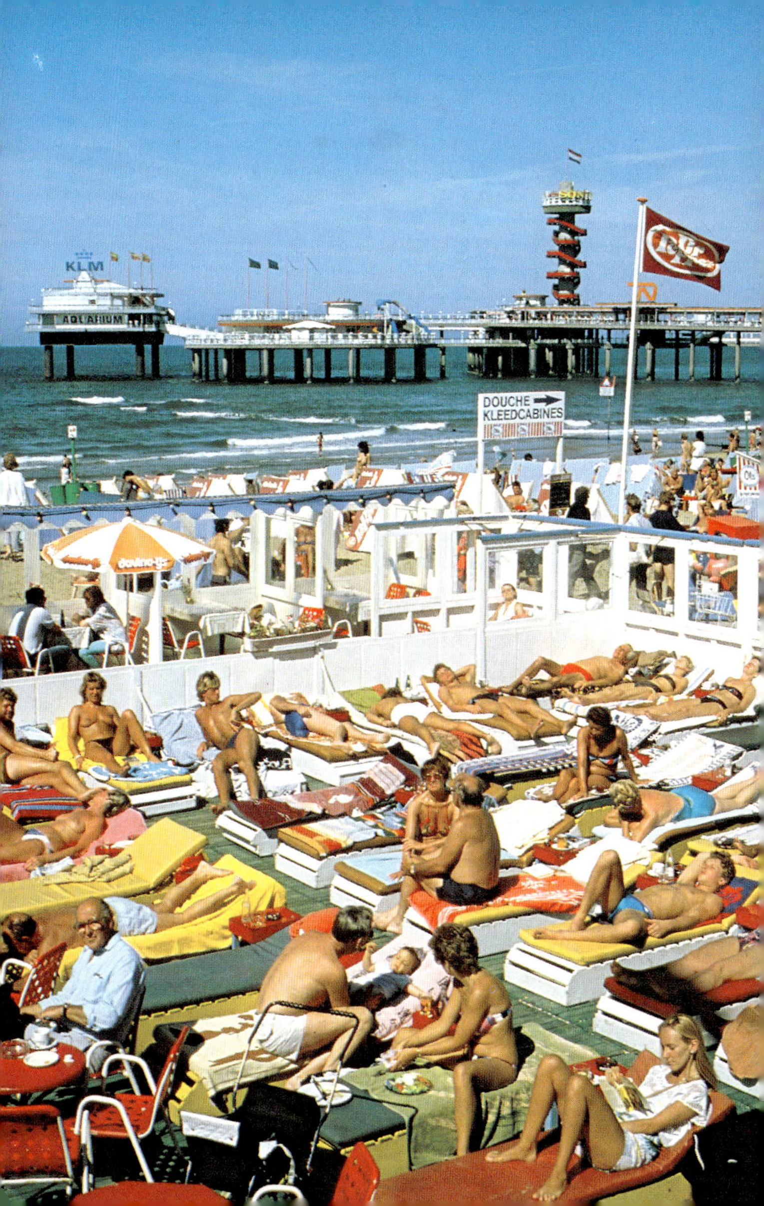
KLM
AQUARIUM
DOUCHE
KLEEDCABINES

de auf einem größeren Areal neu aufgebaut. Man kann sie deshalb als eine relativ „neue" Stadt bezeichnen. Durch die Ansiedlung von Industriebetrieben wuchs die Stadt in den Jahren zwischen 1880 und 1930 um das Fünffache.

## Enschede / Sehenswürdigkeiten
Das *Rathaus,* Langestraat 24, kann von Montag bis Freitag um 15 Uhr besichtigt werden. Es entstand 1930 – 1933 und ist das erste monumentale Gebäude der traditionalistischen Delfter Schule. Die *Synagoge,* Prinsestraat 16 und die *St. Jakobuskerk* am Markt.

## Enschede / Museen
*Rijksmuseum Twente,* Lasondersingel 129, geöffnet von Dienstag bis Samstag von 9 – 13 Uhr und 14 – 17 Uhr, Sonntag von 14 – 17 Uhr; Gemälde von Rembrandt, Jan van Cleve, Jan Breughel dem Älteren, Cranach, Holbein, Bosboom und Courbet; Handschriften und Miniaturen aus dem Mittelalter. Im Garten des Museums steht ein reetgedecktes niedersächsisches Bauernhaus „Los Hoes".
*Naturmuseum,* De Ruyterlaan 2, geöffnet Dienstag bis Samstag von 10 – 12.30 Uhr und 13.30 – 17 Uhr, Sonntag von 14 – 17 Uhr, Tel. 0 53/32 34 09. *Textilmuseum,* Espoortstraat 182.

## Enschede / Praktische Informationen
**Ärztliche Versorgung:** zwei Krankenhäuser, eines in der Haakbergerstraat und eines in der Ripperdastraat.
**Autovermietung:** Avis, Tel. 0 53/31 22 35.
**Bademöglichkeiten:** Hallen- und Freibad.
**Einkaufen:** in den Geschäften rund um den Markt. Parkmöglichkeiten gibt es in Enschede ausreichend, z.B. Hoedmakerplein, Zuidmolenstraat und Molenplein, um nur drei aufzuführen.
**Essen und Trinken:** Im Hotel „Atlanta", Markt 12, Tel. 0 53/31 67 66, und im „Restaurant De Stadraveerne", Haverstraatpassage 21, gibt es Touristenmenüs ab ca. 16 HFL. Besonders preiswert ab 6 HFL ist „De Kokerjuffer", Noorderhaven 12 (Jugendzentrum), geöffnet von September bis Juni, Mittwoch bis Freitag von 17 – 19 Uhr.
**Theater/Kino:** Kino: Cineclub Filmkring, Vrijthof, Universiteit Twente; Vestak Filmhuis, Walstraat 35, Tel. 0 53/30 18 87; Lumiere 1 – 3, Hofpassage 15, Tel. 0 53/31 97 47; Alhambra Theaters, Bolwerkstraat, Tel. 0 53/31 25 25. Theater: Concordia, Markt 15, Tel. 0 53/31 10 89. Twentse Schouwburg, Langestraat 49; hier gastiert das Philharmonische Orchester von Overijssel.
**Unterkunft:** Hotel „Memphis", Rondlaan 55, Tel. 0 53/3 18 22 44; ein kleines, aber feines Hotel mit 36 Zimmern. Preis mit Frühstück am Bett für ein Einzelzimmer ca. 70 HFL. Hotel „Modern", Parkweg 39, Tel. 0 53/32 34 38.

*Essen und Trinken* 49

Camping: „Rekreatiecentrum Klein Zandvoort", Keppelerdijk 200, Tel. 0 53/ 61 37 72 oder 6 12 02 00. „Aamsveen", Lappenpad 250, NL-7536 PG Glanerburg, Tel. 0 53/61 15 47. Rund um Enschede liegen noch verschiedene Campingplätze. Auskunft gibt der VVV.
**Verkehrsverbindungen:** Von Enschede fahren regelmäßig Züge mit Anschluß an alle großen Städte. Vom Flugplatz Twente (nördlich von Enschede) gibt es eine Verbindung mit Amsterdam und Groningen. Der Busbahnhof liegt direkt vor dem Hauptbahnhof.
**Wichtige Adressen:** Polizei, Hermandad 2, Tel. 0 53/30 05 00.
Post, Boulevard 1945 Nr. 326, Tel. 0 53/32 10 61.
VVV, Markt 31, NL-7511 GB Enschede, Tel. 0 53/32 32 00.
Erholungsgebiete südlich von Enschede: Bad Boekelo und „Het Rutbeek".
Autobahnanschluß über die A 35 an die A 1 nach Amsterdam.

## Ermäßigungen

Bei Postämtern und beim VVV kann man für ca. 250 Museen eine Karte kaufen, mit der man dann für ein Jahr lang freien Eintritt hat. Ausgenommen sind Sonderveranstaltungen. Die Preise sind nach Alter gestaffelt. Bis 25 Jahre, von 25 bis 64 Jahre und über 65. Die teuerste Karte kostet zur Zeit 20 HFL.
1988 ist in den Niederlanden das Jahr der Museen. Informationen und Prospekte gibt es bei allen VVV's, in Deutschland auch über das Niederländische Büro für Tourismus in Köln, Laurenzplatz 1–3, Tel. 02 21/23 62 62. Hier gibt es auch Jahreskarten für ca. 350 Museen (12,50 DM für Jugendliche, 25 DM für alle ab 26 Jahre). Für die Karte ist ein Paßbild erforderlich. Sonderveranstaltungen müssen extra bezahlt werden.

Bei den öffentlichen Verkehrsmitteln gibt es eine Vielzahl von Ermäßigungen. Auskünfte erteilen der VVV und die Verkehrsbetriebe. An vielen Bahnhöfen kann man sich Fahrräder mieten. Besitzer eines gültigen Fahrausweises erhalten auch hier eine Ermäßigung.
Über 700 Restaurants – erkenntlich durch ein Schild „Touristenmenü" bieten verbilligte Menüs zu einem einheitlichen Preis an.

## Essen und Trinken

Zu Unrecht wird oft von den Niederlanden gesagt, es besäße keine große „Eßkultur". Dabei bietet dieses Land jedem Gaumen seine Freude. Hervorzuheben sind die vielen asiatischen Restaurants. Über 322 Restaurants bieten typisch niederländische Gerichte an. Man erkennt sie an einem Schild, das eine Suppenterrine darstellt. Gefrühstückt wird reichlich, mittags gibt es einen Lunch, und am Abend wird „warm" gegessen. Großer Wert wird auf die Qualität des Fleisches gelegt. Das niederländische Biefstuk ist von daher ein Leckerbissen. (Übrigens: Liest man auf einer Speisekarte „Duits Biefstuk", handelt es sich um Gehacktes.) Wer in einer Kneipe Bier oder Genever trinkt, sollte dazu „Bitterballen" probieren. Sowieso lohnen sich die kleinen Happen: frischer Hering, Kroketten und am Meer Krabben. Alter und junger Genever – kurz: een ouwe (oude) oder een jonge – egal welchen von beiden man probiert, beide Schnäpse schmecken hervorragend. Was man noch probieren sollte: Cognac mit einem Löffelchen Zucker, Zitronengenever und natürlich das leichte, süffige Bier oder das schwere, dunkle Trappistenbier. Mehrmals am Tag trinken die Niederländer ihre Tasse Tee oder ihr kopje koffie. Dazu gibt es ein Plätzchen (koekje).

**Fähren** → *Schiffsverbindungen*

## Feiertage und Feste

Neujahr, Ostern, Christi Himmelfahrt, Pfingsten und Weihnachten sind Feiertage, an denen alle Geschäfte und Banken geschlossen haben. Sinterklaas (Nikolaus) dagegen sind sie auf jeden Fall bis Mittag geöffnet, meist aber den ganzen Tag über. Karfreitag haben nur die Banken geschlossen. Zusätzliche Feiertage, übrigens nicht identisch mit arbeitsfreien Tagen, sind der 30.4. (Koninginnendag) und der 31.1. (Geburtstag der Königin). Am 4. und 5. Mai wird der Befreiung vom Hitlerjoch und der Opfer des 2. Weltkrieges gedacht. Der 5. Mai ist nur alle fünf Jahre ein freier Tag. Festivals, Veranstaltungen und Festspiele →*Beschreibung der Städte.* Auskünfte darüber erteilen auch der VVV, die niederländischen Fremdenverkehrsbüros oder die Fremdenverkehrszentrale in Den Haag.

**Ferienwohnungen** → *Unterkünfte*

## FKK

„Oben ohne" wird an den meisten Stränden geduldet. Reine FKK-Anlagen gibt es in Hoek van Holland, Scheveningen, Zandvoort und Callantsoog. Weitere offizielle Strände gibt es auf Texel in der Nähe von Den Hoorn und zwischen de Slufter und Cocksdorp sowie auf der Insel Schiermonnikoog. Ein FKK-Campinggebiet mit Winteröffnung befindet sich in Nijkerk. FKK-Camping Flevo-Natuur, NL-3899 Nijkerk/Zuidelijk Flevoland, Tel. 0 32 41/2 41. Weitere Auskünfte erteilt die NFN (Nederlandse Federatie van Naturistenvereniging), Postbus 783, NL-3500 Utrecht, Tel. 00 31 30/71 85 33.

**Flug** → *Anreise mit dem Flugzeug, Reisen im Land*

## Folklore

Vor allem in Zeeland und Overijssel tragen noch viele ältere Frauen Trachten. Bräuche und Feste, die nicht nur für Touristen gefeiert werden sind: „Sint Thomasluiden" in Katlijk Z.O.-Friesland; „Krulboltoernooi" in Oostburg; „Vlöggelen"

▲ Sauberer und billiger kann man Energie nicht erzeugen: Windmühlen bei Kinderdijk

▼ Um die Kunst kommt man nicht herum, wohl aber unten durch: Rijksmuseum Amsterdam

in Ootmarsum; „Straorien" in Schouwen-Duiveland; „Midwinterhoornblazen" in der Umgebung von Almelo oder das „Metworststrijden" in Boxmeer.

**Führerschein** → *Dokumente*

# Geld

Die offizielle Währung der Niederlande ist der „Hollandse Florijn", abgekürzt HFL, im allgemeinen Sprachgebrauch jedoch Gulden genannt. An Münzen gibt es: 5 Cent (Stuiver); 10 Cent (Dubbeltje), 25 Cent (kwartje); 1 Gulden = 100 Cent und 2 1/2 Gulden (Rijksdaalder). An Scheinen: 5, 10, 25, 50, 100 und 1000 Gulden. Das niederländische Papiergeld ist für blinde Mitbürger durch kleine, kreisrunde Erhebungen am unteren linken Rand gekennzeichnet. Ein- oder Ausfuhrbeschränkungen für Devisen bestehen nicht. Geldumtausch ist in allen Banken und/oder Wechselstuben möglich. In grenznahen Städten wie Venlo, Maastricht oder Roermond kann man in einigen Geschäften auch mit D-Mark bezahlen. Kreditkarten werden in den ausgezeichneten Geschäften, Hotels etc. akzeptiert, Euro-Schecks ebenfalls. Auch Bargeldbeschaffung mit Kreditkarten, z.B. American Express, ist in einigen Banken möglich. Allerdings kann das bis zu einer Stunde dauern. Wechselkurse unterliegen Schwankungen, deshalb nur als Faustregel: 100 Gulden = 90 DM = 660 ÖS = 87 Schweizer Franken.

# Geographie

Die Niederlande liegen, wie der Name es schon sagt, zu über 27 % unter dem Meeresspiegel. Der tiefste Punkt befindet sich nördlich von Rotterdam mit 6,7 m unter dem Meeresspiegel. Die höchste Erhebung ragt mit 322 m im äußersten Südosten über den Meeresspiegel hinaus. Geographisch gesehen liegen die Niederlande auf dem 52. Grad nördlicher Breite und dem 5. Grad östlicher Länge. Nachbarstaaten sind im Osten die Bundesrepublik Deutschland und im Süden das Königreich Belgien. Von Süd nach Nord mißt das Land knapp 300 km, von Ost nach West ca. 200 km. Im Westen des Landes haben die Niederländer durch Eindeichung dem Meer gewaltige Landmassen abtrotzen und urbar machen können. Einer dieser Poldern, nämlich Flevoland, ist seit dem 1.1.1986. die 12. Provinz.

# Geschichte

Hünengräber aus der Steinzeit weisen auf erste menschliche Besiedlung in vorhistorischer Zeit hin. Die Bataver, von Caesar unterworfen, siedelten im Rheindelta. Nach dem Tode Karls des Großen gelangten bei der Teilung des Reiches Teile der Niederlande an Frankreich und Lothringen. 925 n. Chr. wurde der Rest dem Römischen Reich Deutscher Nation eingegliedert. Es entstanden die Her-

zogtümer Limburg, Brabant und Gelderland, die Grafschaften Holland, Zeeland und Groningen und das Bistum Utrecht.
1477 wurden die Niederlande Erblande des Hauses Habsburg, die zunächst eine Politik der Verselbständigung der Niederlande vom Reich unterstützten. 1556 übertrug Karl V. die Nachfolge an Philipp II. von Spanien. Der Abfall der Niederlande von Spanien wurde durch starken politischen, finanziellen und religiösen Druck verursacht. Zwar versuchte Philipp II. durch Entsendung des Herzogs Alba, die Aufstände niederzuwerfen, aber diese Niederwerfung fand eine natürliche Grenze in den Gebieten Holland und Zeeland. An die Spitze der Aufständischen war 1572 Wilhelm von Oranien getreten. Die Niederländer erreichten schließlich nach 80jährigem Krieg die Befreiung von der spanisch-habsburgischen Vorherrschaft, aber um den Preis einer de facto Teilung in die südlichen (katholischen) und die nördlichen (protestantischen) Niederlande. Eine Teilung, die 1831 auf der Londoner Konferenz der Großmächte endgültig besiegelt wurde. Das Königreich der Niederlande war zwar seit dieser Zeit ein Kleinstaat, hatte aber mit Kolonialbesitz, Kultur und Tradition weltpolitische Bedeutung.
1848 erhalten die Niederländer eine liberale Verfassung, aufbauend auf den Verfassungen von 1815 und der ersten Änderung von 1840. 1866 wurde – ganz im liberalen Sinne – entschieden, daß der staatsrechtliche Schwerpunkt der konstitutionellen Monarchie beim Parlament liegt. Während des 1. Weltkriegs wurde die Neutralität des Landes noch von den Deutschen respektiert. Der deutsche Kaiser floh 1918 nach Doorn ins Exil und wurde von den Niederlanden trotz Drängens der Alliierten nicht ausgeliefert. Von den Nationalsozialisten wurden die Niederlande, trotz eines gemeinsamen Friedensappells des belgischen Königs Leopold III. und der niederländischen Königin Wilhelmine, 1940 angegriffen. Rotterdam wurde bei einem Luftangriff dem Erdboden gleichgemacht. Die königliche Familie ging ins Exil. Von den 150 000 Juden, die in den Niederlanden lebten, wurden über 100 000 deportiert und ermordet. Am 5. Mai 1945 wurde das Land befreit und begann mit dem Wiederaufbau. 1949 traten die Niederlande der Nato bei, 1957 der EWG (Gründungsmitglied). Die letzte niederländische Kolonie erhielt 1975 ihre Unabhängigkeit.

## Geschwindigkeitsbegrenzungen
Auf den Autobahnen gilt Tempo 100 (vom 1.5.1988 an 120 km/h), auf Landstraßen soll nicht schneller als 80 km/h gefahren werden und in geschlossenen Ortschaften 50 km/h. Besondere Rücksicht und Vorsicht ist in verkehrsberuhigten Wohngebieten zu beachten.
Wer mit Wohnwagen reist, muß sich an folgende Tempolimits halten: innerorts 50 km/h, außerorts 80 km/h und auf Autobahnen 80 km/h.

**Getränke** → *Essen und Trinken*

## Goes

Goes ist die dritte größere Stadt auf Walcheren mit ungefähr 30 000 Einwohnern. Der wirtschaftliche und kulturelle Mittelpunkt Zuid-Bevelands erhielt 1342 Stadtrechte. 1417 wurde die Stadt mit Wällen umgeben. Im 17. Jahrhundert wurde von Goes aus ein Kanal zur Oosterschelde gegraben, da der alte Hafen versandete.

An Sehenswürdigkeiten bietet die Stadt das *Rathaus* am Markt mit einer achteckigen Kuppel, die *Fleischhalle* gleich hinter dem Rathaus mit dem Rokokoratssaal und die *Grote* oder *Maria Magdalenakerk* sowie zahlreiche alte Häuser aus der Renaissance.

Museen: *Streekmuseum voor Zuid- en Noordbeveland,* Singelstraat 6; das Museum, untergebracht in einem ehemaligen Altersheim und Teilen eines Klosters, zeigt Trachten, Möbel und Schützenbilder. Geöffnet von Dienstag bis Samstag von 10 – 12 und 13.30 – 17 Uhr.

### Goes / Praktische Informationen

**Ärztliche Versorgung:** Krankenhaus an der Anjelierstraat.
**Autovermietung:** AMZ Travel Agent, Westwal 13, Tel. 0 11 00/2 35 00 (Hertz).
**Bademöglichkeiten:** Hallenbad, Ringbaan Oost. Strände an der Oosterschelde.
**Einkaufen:** im Zentrum um die Lange Vorststraat. An den Markttagen, Dienstag und Samstag, kann man hier die alten Trachten „aus dem Museum" in natura bewundern. An jedem letzten Samstag im Monat gibt es einen Flohmarkt, oder wie die Niederländer sagen, Snuffelmarkt, was der Sache eigentlich näher kommt, in den Fischversteigerungshallen.
**Essen und Trinken:** Gut und preiswert ißt man bei „Ockenburgh", van de Spiegelstraat 104.
**Theater:** Theater an der Wijngaardstraat.
**Unterkunft:** „Terminus", Frans den Hollanderlaan 37, NL-4461 HM Goes, Tel. 0 11 00/3 00 85; ein empfehlenswertes und noch preiswertes Hotel mit 30 Zimmern. Das Einzelzimmer kostet 48 HFL – dafür wird das Frühstück ans Bett gebracht.
Camping (nördlich von Goes): „Kleine Stelle", Steldijk 9, NL-4424 NP Wemeldinge, Tel. 0 11 92/15 08. Die einzelnen Stellplätze sind durch hohe Hecken voneinander getrennt. Südlich von Goes. „Recreatiecentrum Scheldeoord", Landingsweg 1, NL-4435 MJ Baarland, Tel. 0 11 93/2 26. Schwimmbad mit Riesenrutsche. Stellplätze für Wohnwagen sind auf zehn beschränkt.
**Verkehrsverbindungen:** Anschluß an die A 58 bei 's Grafenpolder. Goes liegt an der Bahnstrecke Middelburg–Roosendaal.
**Wichtige Adressen:** Polizei, Valckeslotlaan 6, Tel. 0 11 00/1 30 30.
Post, Grote Markt 14, Tel. 0 11 00/3 02 30.
VVV, Grote Markt 23, NL-4461 AH Goes, Tel. 0 11 00/2 05 77.

*Mit Käse lockt man Touristen nach Alkmaar* ▶

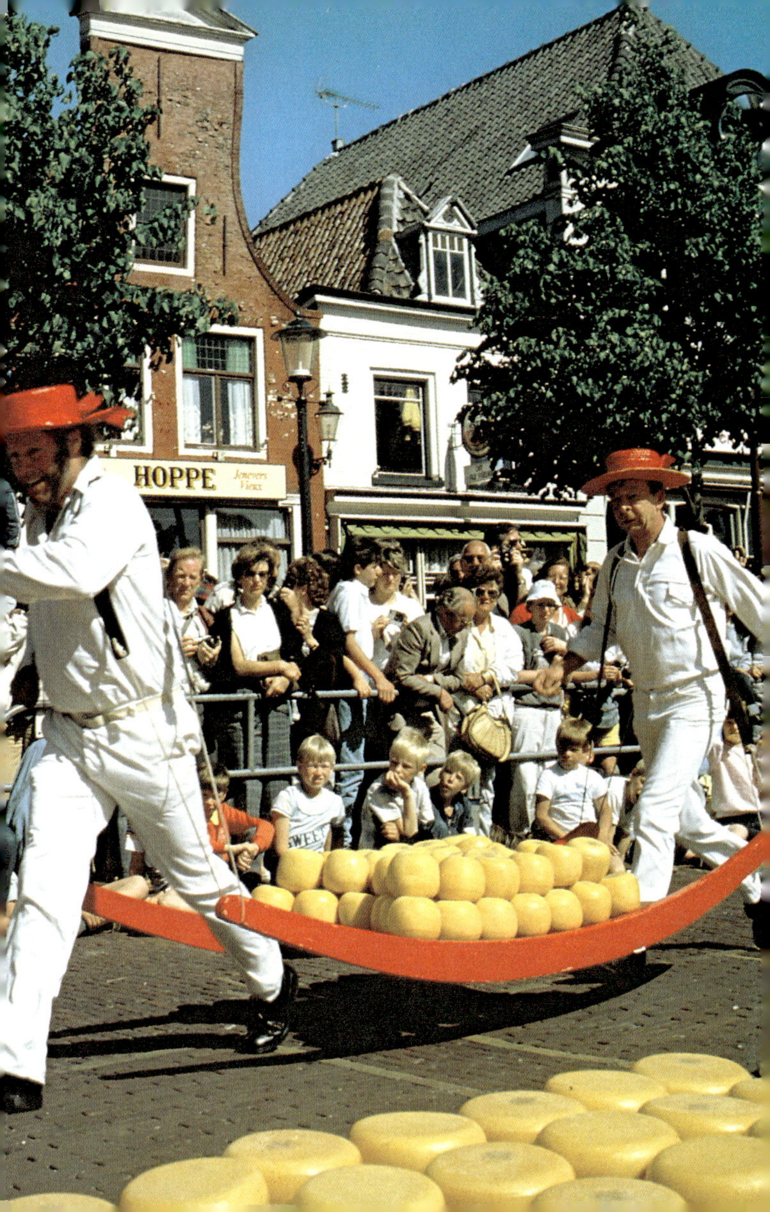
HOPPE
Jenevers
Vieux

# Gouda

Gouda liegt im Tiefland des Krimperwaards, 2 m über dem Meeresspiegel. Die Stadt hat rund 60 000 Einwohner und erhielt im Jahr 1272 von Graf Floris V. die Stadtrechte verliehen. Ein Glockenspiel an der Ostseite des Rathauses erinnert noch heute daran. Gouda stand auf Seiten der Hoekschen Partei gegen die Kabeljauwsche. Im niederländischen Aufstand spielte Gouda eine bedeutende Rolle. Es stellte sich 1650 zusammen mit Amsterdam gegen den Statthalter Wilhelm II. von Oranien. Im 15. Jahrhundert lebte die Stadt von der Bierbrauerei. Es gab über 350 Brauereien in der Stadt. Ihren Wohlstand im 17. Jahrhundert bezog die Stadt dann aus dem Käsehandel und der Tonpfeifenherstellung. In dieser Zeit zählt Gouda zu den sechs wichtigsten Städten der Niederlande.

### Gouda / **Sehenswürdigkeiten**
*Raadhuis* am Markt, errichtet in Brabanter Gotik in den Jahren 1448 bis 1459. *St. Janskerk*, hinter dem Markt, mit den gut erhaltenen Fenstern, die in den Jahren 1555 bis 1603 von Spendern gestiftet wurden. Das Zentrum der Stadt ist von einem Kanal umgeben. Getreidebörse und Fischmarkt liegen direkt an der Gouwe. Das älteste Gasthaus der Stadt und eines der ältesten der Niederlande findet man neben der Stadtwaage an der Nordseite des Marktes.

### Gouda / **Museen**
*Catharina Gasthuis,* Stedelijk Museum, Achter de Kerk 32, hat geöffnet von Montag bis Samstag von 10 – 17 Uhr und an Sonn- und Feiertagen von 12 – 17 Uhr. Ursprünglich war das Catharinahuis ein Spital aus dem Jahr 1665 am Osthaven. Neben Gegenständen aus dem Bereich der Medizin, einem Operationssaal aus dem Jahre 1669, einer historischen Apotheke und einer Schule aus dem 18. Jahrhundert zeigt das Museum altes Spielzeug und einige manieristische Altarstücke von Pieter Porbus und Dirck Barentz. *De Moriaan*, Westhaven 29; das Museum enthält eine Sammlung von Tonpfeifen, Kacheln und Keramik. Geöffnet von Montag bis Samstag von 10 – 12.30 und 13.30 – 17 Uhr. An Sonn- und Feiertagen von 12 – 17 Uhr.

### Gouda / **Praktische Informationen**
**Ärztliche Versorgung:** Krankenhaus am Graaf Florisweg.
**Autovermietung:** Anfrage bei Meet reservation in Rotterdam, Zestienhoeven, Tel. 0 10/66 88 11 für interRent.
**Bademöglichkeiten:** Strand von Scheveningen oder die Reeuwijkse Plassen im Osten der Stadt. Außerdem gibt es ein Freibad und zwei Hallenbäder.
**Einkaufen:** Im Zentrum um den Markt. Spezialitäten sind Käse und süße Waffeln. Drei Parkplätze gibt es im inneren Zentrum. Weitere Parkmöglichkeiten am Burg, Jamessingel direkt am Bahnhof, am Fluwelensingel und am Theater an

der Boelekade. Von Juni bis September findet an jedem Donnerstag von ca. 9 – 10 Uhr der Käsemarkt vor der Stadtwaage statt. Immer noch Anziehungspunkt vieler Touristen. Verbunden mit dem Käsemarkt ist der Gewerbemarkt, der erst gegen 12.30 Uhr schließt. Gezeigt werden Handwerk, Waffelbacken und Kerzenziehen.

**Essen und Trinken:** Besonders preiswert bei „Henriette", Keizerstraat 6, allerdings nur von 12 – 14 und 18 – 19 Uhr, am Wochenende geschlossen. „'t oude Koetshuis", Lange Tiendeweg 90, „Zes Sterren", Achter de Kerk 14, „La Grenouille", Osthaven 20 und „Mallemolen", Osthaven 72, bieten gutes Essen zwischen 30 und 70 HFL.

**Theater/Kino:** Theater, Boelekade. Im Juni findet in der St. Janskerk ein Festkonzert des Niederländischen Bachvereins statt. Auskunft VVV. Filmhuis, Letmaetstraat 45, Tel. 0 18 20/2 86 56.

**Unterkunft:** „Hotel Zalm", Markt 34, NL-2801 JJ Gouda, Tel. 0 18 20/1 23 44; die Zimmer sind gut, die Preise liegen um 60 HFL für ein Einzelzimmer und 95 HFL für ein Doppelzimmer.
Jugendherberge „De Waterhaan" bei Sluipwijk nördlich von Gouda bei den Reeuwijkse Plassen. Camping: Willens, Platteweg 46, NL-2811 NA Reeuwijk, Tel. 0 18 20/1 63 61. Zevenhuisen, Tweemanspolderweg 8, NL-2761 EO Zevenhuisen, Tel. 0 18 02/16 54 oder 21 90. Der Platz liegt südwestlich von Gouda an der A 12. Die Ausfahrt Zevenhuisen ist angegeben.

**Verkehrsverbindungen:** Anschlüsse an die Autobahnen in Richtung Utrecht (A 12), Den Haag (A 12) und Rotterdam (A 20). Stündlich fahren drei oder mehr Züge von Gouda in Richtung Rotterdam, Utrecht oder Den Haag. Busse und Taxen am Bahnhof.

**Wichtige Adressen:** Polizei, Hourmansgracht 4, Tel. 0 18 20/2 14 44.
Post, Westhaven 27, Tel. 0 18 20/1 70 11.
VVV, Markt 36, NL-2801 JK Gouda, Tel. 0 18 20/1 36 66.
Sonstiges: Im August gibt es in Gouda mehrere Veranstaltungen wie das Töpferfestival und das Käse- und Weinfest. Eine Woche vor Weihnachten zeigt sich Gouda im Kerzenlicht. Auskunft über die genauen Termine erteilen der VVV oder die niederländischen Fremdenverkehrsbüros.
In Haastrecht, östlich von Gouda, kann man von April bis Oktober einen alten Käsebauernhof besichtigen. Außerdem befindet sich hier das Bisdom-van-Vliet-Museum, Hoogstraat 166, geöffnet von Mitte April bis Mitte Oktober Dienstag, Mittwoch, Donnerstag und Samstag von 10 – 16 Uhr und an Sonn- und Feiertagen von 14 – 17 Uhr. Das Museum ist ein altes Patrizierhaus. Sehenswert ist die Inneneinrichtung.

# Groningen

Groningen, Hauptstadt der Provinz Groningen, mit etwas mehr als 160 000 Einwohnern, liegt am Nordende des Hondsrug gegen die Marschen und Fehnkolonien. Die Stadt hat eine Universität (seit 1614) und ist Bischofssitz. Sie ist Straßen-, Eisenbahn- und Binnenschiffahrtsknotenpunkt. Die Schiffahrt verläuft über die Kanäle Delfzijl und Harlingen. Groningen, erstmals im 11. Jahrhundert erwähnt, gehörte im Mittelalter zum Bistum Utrecht. 1282 Beitritt zur Hanse. 1580 fiel die Stadt an die Spanier, wurde aber 1594 von Moritz von Oranien genommen und den Niederlanden einverleibt. Eine große Leistung der Stadt ist die Kolonisation der Ommelande – der Umlande. An der Universität zu Groningen lernte und lehrte der Kulturhistoriker Johan Huizinga.

## Groningen / **Sehenswürdigkeiten**
Der *Grote Markt* mit Raadhuis; Goudkantoor, früher Steueramt; Martinikerk mit dem Turm Olle Grieze. Das Hauptgebäude der *Universität* befindet sich westlich der Oude Boteringestraat, am Academieplein. Die ehemalige *Getreidebörse* liegt östlich der A-Kerk, A-Kerkhof. Groningen besitzt mehrere hofjes (kleine, in sich abgeschlossene Wohnanlagen um einen gartenähnlichen Mittelpunkt; dienten u.a. als Lazarett oder Altersheim), Heilige Geest- oder Pelstergasthuis, Pelsterstraat 43, und das Geertruids- oder Pepergasthuis, Peperstraat 22. Ein weiteres befindet sich am Rademarkt 29, das Anthonygasthuis.

## Groningen / **Museen**
*Noordelijk Sheepvaart Museum,* Burgstraat 24, Tel. 0 50/12 22 02, geöffnet Dienstag bis Samstag von 10 – 17 Uhr, an Sonn- und Feiertagen von 14 – 17 Uhr. Gleich nebenan befindet sich das *Tabakologische Museum*; gleiche Öffnungszeiten. Im Hauptgebäude der Universität befindet sich das Universitätsmuseum (Eingang Broerstraat), geöffnet Montag bis Freitag von 9 – 16 Uhr, Tel. 0 50/ 11 40 80. *Groninger Museum*, Praediniussingel 59, Tel. 0 50/17 29 29; historisches Museum, Silber- und Porzellansammlung, geöffnet Dienstag bis Samstag von 10 – 17 Uhr und Sonntag von 13 – 17 Uhr.

## Groningen / **Praktische Informationen**
**Ärztliche Versorgung:** Krankenhaus am Oostersingel.
**Autovermietung:** Crest Hotel, Donderslaan 155, Tel. 0 50/25 45 36 (Hertz).
**Bademöglichkeiten:** wenige Autokilometer bis zur Nordsee.
**Einkaufen:** in der Innenstadt, die zum großen Teil Fußgängerzone ist. Groningen hat sich zu einer wirklichen Metropole gemausert. Dementsprechend ist auch das Angebot. Wochenmarkt findet jeden Tag außer Sonntag und Montag statt, Dienstag von 9 – 17 Uhr im Zentrum, Mittwoch von 8 – 13 Uhr, Overwinningsplein; von 9 – 16 Uhr Vismarkt. Donnerstag von 8 – 13 Uhr Bernouillplein; Freitag von 9 – 16 Uhr Vismarkt und Samstag von 8 – 17 Uhr im Zentrum. Blumenmarkt ist Dienstag, Freitag und Samstag von 9 – 16 Uhr Ecke Vismarkt und A-Kerk. Flohmarkt außer Sonntag und Montag täglich von 9 – 17 Uhr auf dem

▲ Die natürlichen Straßen Amsterdams: die Grachten

▼ Beton und Glas ersetzen nicht Tradition und Kultur: Das moderne Rotterdam bei Nacht

Grote Markt. Sehenswert: jeden Montag Schaf- und Lämmermarkt, jeden Dienstag Pferdemarkt. Im Januar findet ein spezieller Pferdemarkt statt, und im August ist der Groninger Viehzuchttag. Auskunft über VVV.
**Essen und Trinken:** Für Fischliebhaber „Fischrestaurant 't Wad", A-Kerkhof 27, Tel. 0 50/13 03 83. Billig kann man essen bei „Vera", Ooststraat 44, von Montag bis Freitag von 12 – 13.30 und von 17.30 – 19 Uhr. Sehr gut, sehr fein und sehr teuer ist das nur wenige Kilometer südöstlich von Groningen in Zuidlaren gelegene „Les Quatre Saisons", Stationsweg 41, Tel. 0 59 05/32 88. Treffpunkt: „Café Avanti", A-Kerkhof 49, für alle, die „in" sein möchten. „Der Witz", Markt 47. Über 100 verschiedene Biersorten werden in „De Groote Griet", Markt 37, ausgeschenkt. Im Obergeschoß gibt es eine Kleinigkeit gegen den Hunger. „echt gezellig" ist es im „Café de 3 Gezusters", Markt 39. Lesetisch und Klavier, auf dem jeder spielen kann, der will. Er sollte es aber auch können.
**Theater/Kino:** Theater Het Kruithuis, Palmslag 10, Tel. 0 50/18 23 33; De Spiegel, Pepstraat 11, Tel. 0 50/12 63 00. Kino: Camera 1–4, Hereplein 73, Tel. 0 50/13 72 00; Concerthuis-Movies, Poelestraat 30, Tel. 0 50/12 04 33, im gleichen Gebäude auch Kino Liga '68.
**Unterkunft:** „Cresthotel", Donderslaan 156, Tel. 25 20 40. „Euromotel", Expositielaan 7, Tel. 0 50/25 84 00. „Weeva Hotel", Gedempte Zuiderdiep 8, Tel. 0 50/12 99 19; einfaches Hotel, aber sauber, Bad auf der Etage, Preise zwischen 30 und 100 HFL. Sleep-in, Munnekeholm 4, Tel. 0 50/12 71 21; sehr preiswert für ein paar Gulden. Komfort darf man natürlich nicht erwarten.
Camping: „Stadspark", Campinglaan 6, NL-9727 KH Groningen, Tel. 0 50/25 16 24. Südwestlich von Groningen in Richtung Afsluitdijk. Mit zum Campingplatz gehört ein Kinderbauernhof. Weitere Plätze in der näheren Umgebung: „Grunostrand", Hoofdweg 163, NL-9617 AD Harkstede, Tel. 0 50/41 63 71; östlich von Groningen, der Platz liegt an einem künstlichen See. „De Fruitberg", Dorpsweg 67, NL-9755 PB Onnen-Haren, Tel. 0 59 06/12 82; ca. 9 km südöstlich von Groningen, in unmittelbarer Nähe des Erholungsgebietes Zuidlaardermeer. Südwestlich von Groningen befinden sich die Erholungsgebiete „Leekstermeer" bei Oosterwold und „Nienoord" bei Midwolde. Eine Jugendherberge gibt es bei Nieuw Roden, Jugendherberge „De Zwerfsteen", ganz in der Nähe der Hünengräber bei Roderesch.
**Verkehrsverbindungen:** regelmäßiger Zugverkehr nach Assen, Leeuwarden und Delfzijl. Direkter Anschluß ans Autobahnnetz. Vom Flugplatz Eelde aus Verbindungen nach Enschede und Amsterdam.

**Wichtige Adressen:** Notruf. Tel. 12 12 12.
Polizei, Rademarkt 12, Tel. 0 50/17 91 11.
Post, Achterweg 1, Tel. 0 50/22 99 11.
VVV, Grote Markt 23, NL-9712 HR Groningen, Tel. 0 50/13 97 00.
Sonstiges: Fahrten durch die Grachten werden durchgeführt von der Reederei

Kool, Tel. 0 50/12 83 79. Im Sommer werden Fahrten mit der Kutsche durch die Innenstadt angeboten. Standort: Grote Markt.
Im Camping Grunostrand (Adresse → oben) kann man für 35 HFL pro Tag surfen lernen.
Bouwcentrum Noord Nederland, Trompsingel 11, Tel. 0 50/18 22 20; Sammlung und Information über Bauen und Wohnen, geöffnet von Dienstag bis Samstag von 10 – 16 Uhr.

# Haarlem

Haarlem, die Hauptstadt der Provinz Noord-Holland mit rund 160 000 Einwohnern, liegt auf den Binnendünen an der Spaarne. Gegründet wurde die Stadt im 10. Jahrhundert als Bollwerk gegen die Westfriesen. 1245 erhielt Haarlem Stadtrechte durch den Grafen Willem II. Bereits 1218 waren die Haarlemer, die einen bedeutenden Handel trieben und in Wohlstand lebten, unter Willem I. an der Einnahme der ägyptischen Stadt Damiette beteiligt. An diese Tat erinnern noch heute die Glocken im Glockenspiel der St. Bavokerk, die den Namen „Damiaatjes" tragen. 1559 wurde Haarlem Bischofssitz. An der großen Verteidigung der Stadt gegen die Spanier nahmen auch Frauen teil, so die berühmte Kenau Hasselaer. Trotzdem verloren die Haarlemer, und der spanische Oberbefehlshaber de Toledo ließ über 2000 Soldaten hinrichten. Erst 1577 wurden die Spanier wieder aus der Stadt vertrieben, und sie erlebte eine neue Blüte durch die aus den südlichen Niederlanden in die Stadt geflohenen Kaufleute, die vor allem im Textilgewerbe tätig waren. Zentrum der Blumenzwiebelzucht ist die Stadt seit dem 17. Jahrhundert. Sie ist zudem Sitz vieler bedeutender Forschungsgesellschaften und Wirtschaftsverbände, beherbergt die älteste Druckerei Europas in ihren Mauern und war im ausgehenden Mittelalter ein wichtiges Kunst- und Kulturzentrum. Hier lebte der Verfasser von „het Schilderboek", Karel van Mander.

## Haarlem / **Sehenswürdigkeiten**

*Raadhuis*, Grote Markt; der ehemalige Palast der Grafen von Holland entstand etwa im Jahr 1352. Später wurde der Bau erweitert. Im alten Ratssaal hängt das Gemälde, das die Einnahme von Damiette zeigt. *St. Bavokerk*, Grote Markt, ist eine spätgotische Kreuzbasilika mit einem Vierungsturm. Sie ist eine der größten Kirchen der Niederlande. Die große Barockorgel, gebaut von Christiaan Müller, ist wohl die wichtigste des Landes. Sie besitzt 68 Register und etwa 5000 Pfeifen. Der zehnjährige Mozart und auch Händel bespielten sie. Von Mitte April bis Mitte Oktober finden hier jeden Dienstag von 20 – 21 Uhr und Donnerstag von 15 – 16 Uhr Konzerte statt. Vor der Kirche steht ein Denkmal für Laurens Coster, der für die Niederländer der eigentliche Erfinder der Buchdruckerkunst ist. *Vleeshal*, Grote Markt, ein Gebäude des holländischen Manierismus. Die Fleischhallen waren zugleich Schlachthaus als auch Zunfthaus der Fleischer.

Sehenswert sind auch die für Haarlem so typischen Hofjes, kleine geschlossene Wohnsiedlungen um einen begrünten Platz. Gut erhaltene befinden sich an der Tuchthuisstraat 8, Brouwers Hofje; der Barrevoetstraat 11, Hofje van Loo, und dem Botermarkt 11, Bruinings Hofje. Die *Nieuwe Kerk*, Nieuwe Kerkplein, steht an der Stelle der älteren St. Annakerk.

## Haarlem / **Museen**
*Teylers Museum*, Spaarne 16, geöffnet Dienstag bis Samstag von 10 – 17 Uhr. An jedem ersten Sonntag des Monats ist das Museum von 13 – 17 Uhr geöffnet. Das Teylers Museum ist das älteste Museum der Niederlande. Der Stifter, Pieter Teyler van der Hulst, hatte verfügt, daß eine Stiftung ins Leben gerufen werden sollte, die in Übereinstimmung mit den Ideen der Aufklärung, Wissenschaft, Theologie, Kunst und Wohltätigkeit fördern und vereinen sollte. So findet man neben naturwissenschaftlichen Sammlungen Werke von Michelangelo und Rembrandt, Rubens und Raffael. *Frans-Hals-Museum*, Groot Heiligland 62, geöffnet Dienstag bis Samstag von 10 – 17 Uhr, Sonntag von 13 – 17 Uhr. Von April bis September ist das Museum an einigen Abenden geöffnet. Unter Kerzenbeleuchtung wird dann im Renaissancesaal alte Musik gespielt. Genaue Termine nennt der VVV. *Kunstzentrum „De Hallen"*, Grote Markt; die alten Lagerhallen werden heute für wechselnde Ausstellungen moderner Kunst benutzt; geöffnet Dienstag bis Samstag von 10 – 17 Uhr, Sonntag von 13 – 17 Uhr. Wechselnde Ausstellungen finden darüber hinaus statt in „Kunstzalen Frans Heerkens Thijssen", Houtplein 13, „De Waag", Spaarnestraat, und „Stichting Beeldende Kunst", Gedempte oude Gracht 121.

## Haarlem / **Praktische Informationen**
**Ärztliche Versorgung:** Krankenhäuser im Schipholweg, Bloemendaalseweg und in der Nähe der Santpoort bei den Kennemer Duinen.
**Einkaufen:** rings um den Marktplatz.
**Essen und Trinken:** Es ist schwer, eine Auswahl zu treffen. Gut sind sie alle, die Preise liegen so um die 50 HFL pro Person. „Mangerie La Chat Noir", Bakkumsstraat 1. „Sint Jan", Jansstraat 55. „Coninckshoek", Koningstraat 5. „Bolwerk", Kennermerplein 5. „Napoli", Houtplein 1 (italienisch). „Brinkmann", Grote Markt 9. „Peter Cuyper Taverne", Kleine Houtstraat 70. „Carillon", Grote Markt 27. „Gekroonde Hamer", Breestraat 24. „De Vrome Port", Nieuw Heiligland 10. „Hilda", Wagenweg 214. „Lantaern", Frankestraat 33. „Joris", Haasstraat 14.
**Bademöglichkeiten:** Freibäder: Kleverlaan, Sportparklaan und Groenendaal in Heemstede. Hallenbäder: Frederiksplein 14, Planetenlaan 15 und Zwemmerlaan.

**Theater/Kino:** Freilichttheater, Zomerzorgerlaan. Filmhuis Studio, Groote Markt 23, Tel. 0 23/31 00 33; Filmschuur, Semdestraat 23; Luxor an der Groote Houtstraat 139, Tel. 0 23/31 18 65.

**Unterkunft:** „Lion d'Or", Kruisweg 34, NL-2011 LC Haarlem, Tel. 0 23/32 17 50; gehört zu den ersten Häusern am Platz. Preise ab 125 HFL für ein Einzelzimmer. Preiswert, aber ebenso gut ist die Übernachtung im Hotel „De Raeckse", Raaks 1, NL-2011 VA Haarlem, Tel. 0 23/32 66 29; Preise ab 58 HFL. Jugendherberge, Jan Gijzenpad 3, Tel. 0 23/37 37 93, geöffnet vom 1.3. bis 1.11. Eine weitere Jugendherberge gibt es in Noordwijkerhout, etwa 17 km südwestlich von Haarlem, Heereweg 84, NL-1901 ME Bakkum, Tel. 0 25 18/5 22 26. Und in Overveen, Korte Zijlweg 9, NL-2051 BD Overveen, Tel. 0 23/24 47 91.

Camping: direkt in Haarlem „De Liede", Liewegje 17, NL-2033 AC Haarlem, Tel. 0 23/33 23 60. Zwei Plätze nordwestlich der Stadt: „Weltevreden", Buitenhuizerweg 4, NL-1981 LJ Velsen-Zuid, Tel. 0 23/38 37 26. „Duindoorn", Badweg 40, NL-1976 BZ Ijmuiden, Tel. 0 25 50/1 07 73.

**Verkehrsverbindungen:** Anschluß an die Autobahnen A 9 und A 5. Bahnhof mit ausgezeichnete Zugverbindungen. Busbahnhof am Stationsplein.

**Wichtige Adressen:** Polizei, Koudehorn 2, Tel. 0 23/1 29 11.
Post, Gedempte Oude Gracht 2, Tel. 0 23/19 31 11.
VVV, Stationsplein 1, NL-2011 LR Haarlem, Tel. 0 23/31 90 59.

Sonstiges: zwei Golfplätze: ein 18-Loch-Platz und ein 9-Loch-Platz, Buitenhuizerweg 13a, Recreatiegebied Spaarnwoude, Tel. 0 23/38 27 08. Blumenkorso in Haarlem, zweite Aprilhälfte. Genaue Auskunft über den VVV. Naherholungsgebiet Linnaeushof in Bennebroek, südlich von Haarlem. Mehrere beachtenswerte Landsitze Amsterdamer Patrizier aus dem 17. und 18. Jahrhundert findet man in Velsen, nördlich von Haarlem. Ein Landsitz, den man auch besichtigen sollte, ist Beeckestijn am Rijksweg 136, geöffnet außer Montag täglich von 14 – 17 Uhr, in den Monaten Juni bis September auch morgens von 10 – 12 Uhr. Am Rande der Haarlemmermeerpolder bei Hoofddorp, südöstlich von Haarlem, kann man das Dampfpumpwerk „Cruquius" besichtigen. Die Pumpe, 1849 gebaut, diente dazu, das Haarlemmermeer trockenzulegen, was den „Tod" von ungefähr 80 Windmühlen bedeutete. Das Gebäude im Stil einer Wasserburg beherbergt heute das Poldermuseum, geöffnet April bis September, Montag bis Samstag von 9.30 – 17 Uhr, Sonntag von 12 – 17 Uhr. In den Monaten Oktober und November Montag bis Samstag von 10 – 16 Uhr. In den Monaten Dezember bis März ist das Museum geschlossen.

# Heerlen

Heerlen, die alte Römersiedlung Coriovallum, entstand unter Kaiser Augustus an der Kreuzung der Heerstraßen Boulogne–Köln und Xanten–Trier, zählt heute fast 100 000 Einwohner und ist eine neue, moderne Stadt.

Sehenswert sind die alten *Wassermühlen* rund um die Stadt. Besonders schön ist die Eyckendermühle.
Museen: *Geologisches Museum*, Voskuilenweg 131; ausgestellt sind vor allem Funde aus der römischen Zeit der Stadt. *Thermenmuseum*, Coriovallumstraat 9, Tel. 0 45/76 45 81, geöffnet von Dienstag bis Freitag in der Zeit von 10 – 17 Uhr, an Sonn- und Feiertagen und Samstagen von 14 – 17 Uhr. Am 1. Weihnachtstag, 1. Oster- und Pfingsttag, am Neujahrstag, zu Karneval und am Königinnentag (30.4.) ist das Museum geschlossen. Die römische Badeanlage wurde 1940 durch Zufall entdeckt. Sie gehört zu den frühkaiserlichen Thermen und hat in etwa die Ausmaße eines Fußballfeldes. Neben den Thermen ist ein Museumsraum mit einer umfangreichen Sammlung römischer Funde, darunter ein Ziegelstein mit dem Stempel der berühmten 30. Legion (ulpia Victrix).

## Heerlen / **Praktische Informationen**
**Autovermietung:** interRent, Spoorsingel 50, NL-6412 AC Heerlen, Tel. 0 45/72 11 18.
**Badmöglichkeiten:** Hallen- und Freibad.
**Einkaufen:** Die neue Innenstadt hat große Kaufhäuser, aber auch viele beachtenswerte Einzelhandelsgeschäfte.
**Essen und Trinken:** „Bon Appétit", Geleenstraat 56, und „'t Grilke", Streeperstraat 48; in beiden gutes Essen à la carte ab 25 HFL.
**Kino:** H 5 Theaters, Geleenstraat 9, Tel. 0 45/71 30 30.
**Unterkunft:** Großer Komfort erwartet einen im „Grand Hotel en Park Restaurant", Groeneboord 23, NL-6411 GE Heerlen. Dafür muß man aber auch 95 HFL für ein Einzelzimmer zahlen. Preiswerter ist das „City Hotel", Wilhelminaplein 17, NL-6411 KW Heerlen, Tel. 0 45/5 68 09, mit 67 HFL. Noch preiswerter, für 50 HFL, übernachtet man im „Spinnewiel Motel", Spoorsingel 10, NL-6412 AA Heerlen, Tel. 0 45/72 56 60.
Camping: „Vakantiecentrum de Bousberg", Parklaan 8, NL-6371 CR Schaesberg, Tel. 0 45/31 12 13 oder 31 14 02. Der Platz liegt am Rand der Brunssumerheide.
**Verkehrsverbindungen:** Anschluß über die A 79 an die A 2. Regelmäßige Zugverbindungen.
**Wichtige Adressen:** Polizei, Burgermeester Gijzelslaan 1, Tel. 0 45/71 25 11. Post, Honingmanstraat 42, Tel. 0 45/71 29 92.
VVV, Stationsplein 4, NL-6411 NE Heerlen, Tel. 0 45/71 62 00.
Sonstiges: Auf jeden Fall besichtigen sollte man Schloß Hoensbroek, südwestlich von Heerlen. Das Schloß ist täglich außer am 1. Weihnachtstag und Neujahr vom 1.7. bis zum 31.8. von 10 – 17.30 Uhr, vom 1.9. bis 31.5. von 10 – 12 Uhr und von 13.30 – 17.30 Uhr. Auf Wunsch gibt es eine Ton-Dia-Schau über das Schloß. Auskunft, Tel. 0 45/21 11 82. Das Wasserschloß Hoensbroek ist das größte

Schloß an Rhein und Maas. Bereits 1388 stand hier eine Festung. Beeindrukkend ist das Verlies von 1360, das unter der Wasseroberfläche liegt. Im Haus untergebracht sind ein Schützenmuseum und ein Geologisch-archäologisches Museum. Im Restaurant Kasteel Hoensbroek kann man sich nach dem Rundgang, der eine bis eineinhalb Stunden dauert, erholen. Wer will, macht noch ein Erinnerungsfoto. Dazu wurde extra im Hof ein Pranger aufgestellt. Weitere Schlösser: Kasteel Terworm und Kasteel Haeren.

# Hengelo

Hengelo liegt in der Provinz Overijssel, hat ungefähr 72 000 Einwohner und die zweitgrößte elektrotechnische Fabrik der Niederlande, Heemaf. Groß gemacht hat die Stadt jedoch die Textilherstellung, zurückzuführen auf den Danziger Wolter ten Cate.

Sehenswert ist das Rathaus, inspiriert von mittelalterlichen italienischen Vorbildern. Gebaut wurde es 1963. Architekturfreunde finden in Hengelo interessante Dinge, wie zum Beispiel die Siedlung Kasbah, nach einem Plan von Piet Bloms in den Jahren 1965 – 1973 erbaut. Es sollte ein Experiment sein mit Durchschnittswohnungen für Durchschnittsleute mit Durchschnittseinkommen. In der Umgebung der Stadt gibt es noch viele alte Bauernhöfe, die zu besuchen sich lohnt, sowie eine Wassermühle, „De Olde Meule".

### Hengelo / **Praktische Informationen**
**Ärztliche Versorgung:** Krankenhaus am Geerdinksweg.
**Bademöglichkeiten:** Hallenbad am Castorweg.
**Essen und Trinken:** Alle aufgeführten Restaurants bieten gutes Essen zu annehmbaren Preisen. „Veldhof", Drienerstraat 29. „Madras", BP Hofstedestraat 4. „Dragoner", Spoorstraat 7. „La Cuisine", Spoorstraat 3. „Wapen van Beckum", Beckumerkerkweg 20, ungefähr 7 km von Hengelo in südlicher Richtung entfernt; sehr empfehlenswert.
**Theater:** Theater an der Beursstraat.
**Unterkunft:** „'t Lansink", C.T. Storkstraat 18, NL-7553 AR Hengelo, Tel. 0 74/91 00 66; ein Hotel der mittleren Preisklasse. Einzelzimmer ab 60 HFL. 4 Gulden weniger bezahlt man im Hotel „Kroon", Deldennerstraat 62, NL-7551 AG Hengelo, Tel. 0 74/91 28 72.
Camping: „Euro Camping", Reininksweg 5, NL-7561 PR Deurningen, Tel. 0 54 10/1 85 62; der Platz bietet jeden Komfort und ist sauber.
**Verkehrsverbindungen:** Anschluß über die A 35 an die A 1. Flugplatz Twente, Tel. 0 40/51 61 42.
**Wichtige Adressen:** Polizei, Marskant 111, Tel. 0 74/91 22 44.
Post, Prinses Beatrixstraat 70, Tel. 0 74/91 57 15.
VVV, Enschedesestraat 45, NL-7551 EJ Hengelo, Tel. 0 74/91 91 61.

Sonstiges: 9-Loch-Golfplatz, Enschedesestraat 381, Tel. 0 74/91 27 73. Segelfliegen, Flugplatz Twente. Auskunft und Anmeldung Bronsestraat 59 in Hengelo. Jachthafen. Erholungspark De Waarbeek, Twekkelerweg 327, geöffnet von Ostern bis Oktober täglich von 9 – 18 Uhr. Kinderbauernhof, Minigolf, Ruderboote und mehr. Nördlich von Delden liegt das Schloß Kasteel Twickel. Mittwoch und Samstag nachmittags ist der Park zugänglich. Weitere Schlösser in der Umgebung von Hengelo: Huis Herinckhave, Wasserschloß Weldam, Huis te Diepenheim und Huize Wesfervlier.

## 's-Hertogenbosch (Den Bosch)

's-Hertogenbosch, Hauptstadt der Provinz Noord-Brabant, liegt an der Zuid-Willemsvaart, hat ca. 88 000 Einwohner, ist Bischofssitz und Verkehrsknotenpunkt der Kempenland-Platte an einem Übergang durch das Maas-Rhein-Delta. Benannt ist die Stadt nach dem Herzog Heinrich I. von Brabant (s'Hertogenbosch heißt „Der Wald des Herzogs"). Stadtrechte seit 1185. Durch die Schließung der Schelde 1648 konnte Den Bosch seine Stellung als Handelsmittelpunkt stärken. Bei Bombenangriffen der Alliierten wurde die Stadt im 2. Weltkrieg schwer zerstört.

**Sehenswürdigkeiten:** *Rathaus* am Markt. *Zwanenbroederhuis,* Hinthamerstraat 94; 1846 für die bereits 1318 gegründete Liebfrauen- oder Schwanenbruderschaft erbaut. Beim jährlichen Festmahl wurde auch ein Schwan verzehrt – daher der Name. Dieser „illustre Lieve Vrouwe Broederschap" gehörte, neben vielen Mitgliedern des Hauses Oranje, auch Hieronymus Bosch an, dessen Geburtshaus früher auf der Hinthamerstraat 74 stand. *St. Janskathedrale,* ebenfalls Hinthamerstraat.

**Museen:** *Noordbrabants Museum,* Bethaniestraat 4, Tel. 0 73/13 87 12, geöffnet Dienstag bis Freitag von 10 – 17 Uhr. Samstag und Sonntag von 13 – 17 Uhr; Volkskunst, Funde aus römischer Zeit und Gegenstände aus der Geschichte Brabants. Das *Kruithuis* an der Zuid-Willemsvaart stellt ein Stück Militärgeschichte dar. In der Zitadelle befindet sich ein Rijksarchief. Eigentlich nicht als Museum zu bezeichnen, auch wenn es sich so nennt, ist das kleine *Museum Slager,* Choorstraat 16. Es zeigt eine Anzahl von Bildern und Zeichnungen, die die Familie im Laufe der Zeit gesammelt hat. Interessant, weil es das Leben der „Kleinen Leute" zeigt, ist *De Brabantse Poffer,* Postelstraat 3; hier findet sich eine Sammlung von Gegenständen des täglichen Gebrauchs aus Brabanter Häusern und Bauernhöfen.

's-Hertogenbosch / **Praktische Informationen**
**Autovermietung:** A.A.A. Roadster b.v., Tel. 0 73/13 42 25.
**Einkaufen:** Jeden Mittwoch ab 6 Uhr findet in den Brabanthallen der Kuhmarkt statt. Auch wer keine Kuh kaufen möchte, sollte sich dieses Ritual nicht entgehen lassen.

**Essen und Trinken:** Restaurant „Fondue Pierre", Achter 't Stadhuis 10, Tel. 0 73/13 81 50. „De Heksenketel", Lepelstraat 2; nur bis 18.45 Uhr geöffnet, sonntags bis 19.30 Uhr. „De Griffioen", Snellstraat 23, täglich von 12.30 bis 21.30 Uhr. In den beiden letzten ißt man gut für ca. 6 HFL: „De Parade", Parade 19; englisches Bier – im Sommer auf der Terrasse. Französische Weine gibt es in „'t Pumpke", Parade 9. „Het Vosken", Verwerstraat 42.
**Kino/Theater:** Theater Casino, Parade 23, Tel. 0 73/12 08 88.
**Unterkunft:** Hotel „Central", Burg Loeffplein 98, Tel. 0 73/12 51 51; ein sehr komfortables Hotel mit einem guten Restaurant. Preis für ein Einzelzimmer ab 75 HFL.
Camping: „De Hooghei", Werstkant 17, Tel. 0 41 03/15 22; der Platz liegt etwas östlich von Den Bosch in Berlicum. „Zomerdorp Vinkeloord", Vinkeloord 1, NL-5382 JX Vinkel, Tel. 0 41 02/29 66; an der A 50 von Den Bosch nach Nijmegen. Ermäßigungen außerhalb der Saison. Ganzjährig geöffnet. Der Platz ist ein kombinierter Camping- und Bungalowpark.
**Verkehrsverbindungen:** direkter Anschluß an die Autoreisezüge in Richtung Frankreich, Schweiz, Österreich, Italien und Deutschland.
**Wichtige Adressen:** Polizei, Burg Loeffplein 54, Tel. 0 73/12 22 22.
Post, Kerkstraat 67, Tel. 0 73/81 48 14.
VVV, Markt 77, NL-5211 JX 's-Hertogenbosch. VVV Noord-Brabant, Willemstraat 17-19, NL-4811 AJ Breda, Tel. 0 76/22 24 44.
ANWB, Burg. Loeffplein 13, Tel. 0 73/14 53 54.
Sonstiges: Erholungsgebiet in Vught „Ijzeren Man" südlich von Den Bosch. Ebenfalls in Vught befindet sich die Segelschule „van Balen", Tel. 0 73/56 34 57.

# Hilversum

Hilversum ist Hauptstadt des niederländischen Gooi (heide- und waldbedeckter Teil des Utrechter Hügelrückens) und Wohnvorort von Amsterdam mit rund 94 000 Einwohnern. Von den Architekten W.M. Dudok und P.J.H. Cuypers wurde es zu einer der modernsten Villenstädte Europas ausgebaut. Hilversum ist Sitz der Nederlandse Omroep Stichting (NOS), einer Art Dachvereinigung, in der alle Sender zusammenarbeiten. Die NOS stellt den technischen Apparat, koordiniert die Programme, strahlt selbst ein Programm aus und vertritt die niederländische Fernseh- und Radioanstalten dem Ausland gegenüber. Die Aufgabe, die Sendezeiten gerecht und anteilmäßig auf die rund ein halbes Dutzend Sender zu verteilen, liegt beim Minister.
**Sehenswürdigkeiten:** Das moderne *Rathaus*, Witten Hullweg, kann in der Woche auch von innen besichtigt werden. Der *Botanische Garten*, Zonnelaan; der Wildpflanzen- und Kräutergarten ist von Montag bis Freitag von 9 – 17 Uhr geöffnet. Für den Besuch des Gebäudes der NOS ist vorherige Anmeldung er-

wünscht, Tel. 0 35/77 91 11. Bemerkenswert ist auch der KRO (Katholieke Radio Omroep), einer der größten niederländischen Radio- und Fernsehsender, in der Emmastraat 52.

## Hilversum / **Praktische Informationen**
**Ärztliche Versorgung:** Krankenhaus Eikbosserpad und Loosdrechtse bos.
**Autovermietung:** interRent, Langestraat 48, Tel. 0 35/23 33 62.
**Bademöglichkeiten:** Seen: Uitermeer in Bussum; Overmeer bei Ankeveen; Loodsdrechtse plassen; Gooi Meer bei Huizen. Freibad Crailoo, Naarderweg. Hallenbad, Jan van der Heydenstraat.
**Essen und Trinken:** „Nusantara", Havenstraat 2. „Boeddha", Soestdijkerstraatweg 42a; sehr gute indonesische und chinesische Restaurants. Preislich nicht ganz billig, aber lohnend.
**Theater:** an der Emmastraat.
**Unterkunft:** „Hof van Holland", Kerkbrink 1, NL-1211 BW Hilversum, Tel. 0 35/ 4 61 41; das Hotel bietet Komfort, den man mit 115 HFL für ein Einzelzimmer nicht überbezahlt. „Hilfertsom", Koninginneweg 30, NL-1217 LA Hilversum, Tel. 0 35/23 24 44; das Restaurant schließt um 20.30 Uhr.
Jugendherberge „De Karekiet, Kortenhoefsedijk 137, Tel. 0 35/6 00 79, geöffnet von April bis Ende September. Camping: „De Fransche Kamp", Fransche Kampweg 3, NL-1406 NV Bussum, Tel. 0 21 59/1 77 51; der Platz liegt nordwestlich von Hilversum, an der Straße Hilversum–Bussum–Weesp. „De Woensberg", Woensbergweg 5, NL-1261 AP Blaricum, Tel. 0 21 53/8 24 81. Blaricum liegt an der Straße Hilversum–Huizen.
**Verkehrsverbindungen:** direkter Autobahnanschluß. Züge verkehren mehrmals stündlich. Hilversum verfügt über einen kleinen Flugplatz für Rundflüge.
**Wichtige Adressen:** Polizei, Kampstraat 34, Tel. 0 35/4 55 44.
Post, Kerbrink 16, Tel. 0 35/1 02 51.
VVV, Stationsplein 1, NL-1211 EX Hilversum, Tel. 0 35/1 16 51.
Sonstiges: 18-Loch-Golfplatz, Soestdijkerstraatweg 172, Tel. 0 35/85 70 60. „Bilder der Straße": Eine Route, die zu ca. 50 Kunstwerken quer durch die Stadt führt. Informationen und Prospekt beim VVV. Von Hilversum aus läßt sich sehr schön das „Gooi" entdecken. Nicht zu Unrecht wird diese Gegend auch der Garten Amsterdams genannt.
Östlich von Hilversum beginnt die Gooi Route. Laren, ein kleiner, alter Ort, ist auch als Malerdorf ein Begriff. Im „Singer Memorial Foundation", einer Stiftung des amerikanischen Malers William Singer jun., sind neben eigenen Werken Gemälde und Skulpturen des 19. und 20. Jahrhunderts ausgestellt, unter anderem Werke von Rodin. Sehr gut speisen kann man in der „Auberge la Provence", Westerheide 2, NL-1251 ET Laren, Tel. 0 21 53/8 79 74; nicht billig, Hunde sind verboten. Das Geologische Museum Hofland „Zevenend" ist geöffnet von Dienstag bis Samstag von 13 – 16 Uhr und Sonntag von 13 – 17 Uhr.

*Konsulate* 69

**Jugendherbergen** → *Unterkünfte in den jeweiligen Orten*

**Kamperland** → *Veere*

# Karten
Gute Wander- und Autokarten gibt es in Buchläden, beim VVV, der auch Spezialkarten für bestimmte Orte oder Gegenden kennt, beim niederländischen Fremdenverkehrsverein, bei Automobilclubs und an Tankstellen. Sehr gut ist der Falk-Plan „Niederlande" mit Hinweisen auf Campingplätze, Jugendherbergen und Sehenswürdigkeiten.

**Kats** → *Veere*

# Kinder
Die Niederländer lieben Kinder. Vor allem in Hotels, Restaurants, auf Campingplätzen und in Museen bemüht man sich besonders sie. In einigen Städten, wie Amsterdam oder Arnheim, gibt es spezielle Kinos für Kinder.

# Kinderdijk
Kinderdijk bei Alblasserdam am Westdeich von Alblasserward ist die besterhaltene Windmühlenlandschaft der Niederlande. Heute durch elektrische Pumpen ersetzt, werden sie nur in Notfällen und für Besucher der Mühlentage in Betrieb gesetzt, die an jedem Samstag in den Monaten Juli und August von 13.30 – 17.30 Uhr stattfinden. Besichtigt werden können sie jedoch an allen Werktagen in den Monaten April bis September. Auskunft erteilt der VVV Zuid-Holland, Markt 85, NL-2611 GS Delft, Tel. 0 15/12 61 00.

# Klima
Gemäßigtes maritimes Klima. Durchschnittsjahresniederschläge zwischen 620 und 770 mm. Vorherrschend westliche Winde, wenige Eistage, aber auch keine hohen Sommertemperaturen. Im Durchschnitt in den Monaten Juni – August um die 17 °C. Auch im Sommer sollte deshalb warme und regenfeste Kleidung im Reisegepäck nicht fehlen.

# Konsulate
*Bundesrepublik Deutschland,* Generalkonsulat, de Lairessestraat 172, NL-1075 HM Amsterdam, Tel. 0 20/73 62 45; Generalkonsulat, Parklaan 36, NL-3016 Rotterdam, Tel. 0 10/36 51 33.
*Republik Österreich,* Weteringschans 251, NL-1017 XY Amsterdam, Tel. 0 20/4 34 18; Konsulat, Westerlaan 10, NL-3016 CK Rotterdam, Tel. 0 10/11 01 70.

*Schweiz*, Generalkonsulat, J. Vermeerstraat 16, NL-1007 DB Amsterdam, Tel. 0 20/79 76 26. Groot Handelsgebouw, Weena 723, NL-3013 AM Rotterdam, Tel. 0 10/12 40 04.

**Kortgene** → *Veere*

# Krankenhäuser
Das Krankenhauswesen in den Niederlanden entspricht dem hohen Standard eines hochentwickelten, modernen Industriestaates. Das Krankenhausnetz ist flächendeckend. Die meisten niederländischen Ärzte behandeln ausländische Patienten auf Krankenschein, wenn ein Sozialhilfeabkommen mit dem betreffenden Land vorliegt. Nicht der Fall ist dies mit der Schweiz. Der örtliche VVV gibt auf Anfrage eine Liste mit Ärzten, die Ausländer auf Krankenschein behandeln, gibt Tips für die Abrechnung und nennt auch Ärzte, die z.B. Deutsch sprechen. Auf jeden Fall lohnt sich vor Antritt einer längeren Reise die Konsultation der eigenen Krankenkasse im Heimatland. In Deutschland gibt auch der ADAC Auskunft über deutschsprechende Ärzte in den Niederlanden.

# Kriminalität
Nicht häufiger oder auffälliger als in anderen europäischen Industriestaaten. Wenn etwas passiert, sollte man auf jeden Fall mit der örtlichen Polizei Kontakt aufnehmen. Notruf → bei den jeweiligen Städten.
→ *Notfall, Polizei, Verhalten, Botschaften, Konsulate*

# Kultur
Wer in die Niederlande reist, der trifft sie schon, die Tulpen, die Windmühlen, die Fahrräder, die Klumpen und den Käse. Sicher auch die saftigen Weiden und die glücklichen Kühe. Was vor Jahren zugkräftig für Touristen geworben hat und heute noch in der Werbung gang und gäbe ist, ist schwer ausrottbar. Denn die Niederlande sind weit mehr als dieses kleine saubere Land mit den kleinen Häuschen, den blonden Mädchen mit den blau-weißen Trachten und den Männern in weiten Hosen und mit Holzschuhen an den Füßen, die vergnügt im Laufschritt den Käse transportieren. Von diesem Land gingen und gehen auch heute noch Impulse aus, die Europa und die ganze Welt beeinflußt haben. Malerei, Baukunst, Seefahrt, Philosophie und Literatur. Wer im 17. Jahrhundert etwas auf sich hielt, mußte die Niederlande bereist haben. Es wäre müßig, hier die Namen der Maler, Schriftsteller und Philosophen, der Wissenschaftler und Seefahrer aufzuzählen. Wer mit offenen Augen durch das Land reist, kann ihre Werke und Einflüsse nicht übersehen.
Aber Kultur ist nicht nur Kunst. Es ist auch die Art und Weise des Zusammenlebens. Nur in einem Land, in dem die Freiheit des einzelnen Verpflichtung für die

Allgemeinheit ist, kann sich ein Nährboden für Künste und Wissenschaften entwickeln.

## Leeuwarden

Leeuwarden (friesisch Ljouwert) ist Hauptstadt der Provinz Friesland und hat ca. 85 000 Einwohner. Leeuwarden ist Handelszentrum für Landesprodukte und Vieh. Am ersten Mittwoch im Mai bzw. im Oktober findet die Frühjahrs- und Herbstkörung der friesischen Zuchttiere statt. Mit den Städten Groningen und Harlingen ist Leeuwarden durch Kanäle verbunden. Wahrscheinlich ist die Stadt durch Zusammenschluß von Oldehove, Nyshove und Hoek entstanden, die 1435 einen gemeinsamen Schutzwall erhielten. Bis zum Ende des 13. Jahrhunderts war Leeuwarden Seehafen. Die Altstadt mit den Grachten ist durch Kanäle von den neuen Wohngebieten getrennt.
Eine der bekanntesten Agentinnen aus der Zeit vor dem Ersten Weltkrieg lebte in dieser Stadt, Mata Hari.

### Leeuwarden / **Sehenswürdigkeiten**
*Statthalterlicher Hof,* Hofplein 1; vor dem Gebäude eine Statue des ersten friesischen Statthalters Willem Lodewijk van Nassau (1560 – 1620), der von den Friesen liebevoll „Unser Vater" (friesisch: Us Heit) genannt wurde. Das *Raadhuis* gegenüber dem Statthalterhof. Der *Oldenhoeve-Turm*, Oldenhoeve. *Jacobijnekerk*, Breede Plaats. Die neugotische *St. Bonifatiuskerk*, Hoeksterpad, geöffnet von Juni bis August, an Samstagen von 14 – 16 Uhr. Auf der Stadtmauer nördlich vom Oldenhoeve-Turm befindet sich der *Pier Pander-Tempel* mit einigen Werken dieses friesischen Bildhauers.

### Leeuwarden / **Museen**
*Fries Museum*, Turfmarkt 24, geöffnet von Dienstag bis Samstag von 10 – 17 Uhr und Sonntag von 13 – 17 Uhr. Das Friesische Museum ist wohl das bedeutendste Provinzialmuseum der Niederlande. Man bekommt einen lückenlosen Überblick über die friesische Kultur. Hier hängt auch das Gemälde der Saskia van Uylenburch. Rembrandt heiratete die Tochter des ehemaligen Bürgermeisters von Leeuwarden im Jahre 1634 in der St. Anna Parochie, ungefähr 18 km in nordwestlicher Richtung von Leeuwarden entfernt.
Gegenüber dem Fries Museum befindet sich die *Kanselarij,* Turfmarkt 13, die heute das *Reichsarchiv* und das *Friesische Widerstandsmuseum* beherbergt; geöffnet von Dienstag bis Samstag von 10 – 17 Uhr und Sonntag von 13 – 17 Uhr. Tel. 0 58/13 33 35. *Stedelijk* (städtisches) *Museum*, Princessehof, Grote Kerkstraat 11, Tel. 0 58/2 74 38; geöffnet Montag bis Samstag von 10 – 17 Uhr

und Sonntag von 14 – 17 Uhr. Neben Keramik aus dem eigenen Land besitzt das Museum eine bedeutende China-Keramiksammlung von der Han- bis zur Mingzeit; ebenso Werke aus Korea, Japan und Annam. Friesische Flora und Fauna sind zu besichtigen im *Friesischen Naturhistorischen Museum*, Heerenstraat 13-15, Tel. 0 58/2 90 85, geöffnet von Montag bis Samstag von 13 – 15 Uhr. *Geburtshaus der Mata Hari* (Margaretha Geertruida Zelle – ein Bronzedenkmal steht auf der Korfmakerpijp), Grote Kerkstraat 28. Heute befindet sich in dem Haus ein Museum für friesische Landesgeschichte, geöffnet Montag bis Freitag von 9 – 12 und 14 – 17 Uhr, Tel. 0 58/12 08 34. Wenige Kilometer westlich von Leeuwarden in Franeker, „muß" man in der Eisingastraat 3 das Planetarium des Eise Eisinga bewundern, das er in mühevoller Kleinarbeit in der Zeit von 1774 bis 1781 erbaute. Ebenfalls westlich der Stadt, in Marssum, steht das *Popta-Schloß* (nur nach Vereinbarung vom 1.4. bis 1.11. zu besichtigen, Tel. 0 51 07/12 51).

## Leeuwarden / **Praktische Informationen**

**Ärztliche Versorgung:** Krankenhaus Leeuwerikplein.

**Autovermietung:** Autobedrijf Riedstra BV, Harlingerstraat 80, Tel. 0 58/12 22 55 (Hertz). InterRent, Marshallweg 14, NL-8912 AC Leeuwarden, Tel. 0 58/12 55 55.

**Bademöglichkeiten:** Hallenbad an der Fonteinstraat. Nur wenige Kilometer zum Friesche Wad (Wattenmeer).

**Einkaufen:** Wochenmarkt am Dienstag in der Menalsumstraat von 8 – 12 Uhr, auf dem Campuurplein von 13 – 18 Uhr, Mittwoch auf dem Willem Alexanderplein von 8 – 12 Uhr und Bilgaard von 13 – 18 Uhr. Freitag von 8 – 16 Uhr auf dem Wilhelminaplein und Samstag Nieuwe Buren von 10 – 17 Uhr. Am 20. Mai findet in Verbindung mit einem Jahrmarkt ein Blumenmarkt auf dem Oude Veemarkt statt.

**Essen und Trinken:** Restaurant „de Stadhouder", Nieuwstadt 75; besonders preiswert, aber nur bis 20 Uhr geöffnet „Ananda", Kleine Hoogstraat 24 und „Bommelsteyn", Korfmakerstraat 9. „La Spunta", Eewal 50, Tel. 0 58/13 83 72. „Kota Radja", Groot Schavernek, Tel. 0 58/13 35 64 (chinesisch). Kneipen: „Bombardon", bij de Put, angenehm für Unterhaltungen. „Napoleon", Groot Schavernek 25.

**Theater/Kino:** Theater – De Harmonie, Ruiterskwartier 4 (an der Westerkade). Kino: Filmhuis de Harmonie, Ruiterskwartier 4.

**Unterkunft:** „Oranje Hotel und Restaurant L'Orangerie", Stationsweg 4, Tel. 0 58/12 62 41 (geschlossen 25. und 26.12.). „Eurohotel", Europaplein 20, Tel. 0 58/13 11 13 (geschlossen vom 24.12. – 4.1.).

Jugendherberge, Gedempte Haven 26, Tel. 0 58/0 56 62. Etwas weiter weg, ungefähr 13 km nordöstlich in Oenkerk, Jugendherberge, Rengersweg 98b, Tel. 0 51 13/12 26. Camping: „De Kleine Wielen", Rijksstraatweg 12, NL-8926 XE Leeuwarden, Tel. 0 51 18/16 60.

**Verkehrsverbindungen:** Zugverbindungen nach Groningen, Zwolle und Harlingen. Kleiner Flughafen.
**Wichtige Adressen:** Notruf, Tel. 13 33 33.
Polizei, Raadhuisplein 36, Tel. 0 58/92 49 11.
Post, Tweebackstraat 25, Tel. 0 58/44 01 11.
VVV, Stationsplein 1, Tel. 0 58/13 22 24.
ANWB, Lange Marktstraat 22, Tel. 0 58/3 39 55.
Sonstiges: Bootsvermietung: Grote Wielen, Rijksstraatweg 5, Tel. 0 51 18/12 38. Rundfahrten über die friesischen Seen, Ausgangspunkt Hermesbrug.
In Lauwersoog (Ablegeplatz der Fähre nach Schiermonnikoog) ist das Infocenter „Expo Zee" mit einer Ausstellung über das Wattgebiet besichtigenswert; Strandweg 1, geöffnet von Mai bis September, Dienstag bis Freitag von 10 – 17 Uhr, Samstag und Sonntag von 14 – 17 Uhr; von Oktober bis November nur an Samstagen und Sonntagen von 14 – 17 Uhr.

# Leiden

Leiden liegt an der Vereinigung zweier Rheindeltaarme, oude Rijn und nieuwe Rijn, und ist eine der ältesten Städte der Niederlande mit heute rund 100 000 Einwohnern. Die Stadt ist von vielen Kanälen durchzogen, die sie mit den Städten Den Haag, Haarlem und Amsterdam verbinden. Die Universität von Leiden ist die älteste des Landes, gegründet 1575. Seit dem hohen Mittelalter war Leiden Mittelpunkt der niederländischen Weberei. Nach dem Abfall von Spanien wurde die Stadt geistige Hochburg des Freiheitskampfes und Wirkungsstätte bedeutender Gelehrter wie Hugo Grotius, Joseph Scaliger, Justus Lipsius, Simon Stevin und Donellus. René Descartes arbeitete einige Jahre in der Stadt. Als die Deutschen im 2. Weltkrieg die Entlassung jüdischer Gelehrter forderten, wurde die Universität bis zur Befreiung 1945 geschlossen.

## Leiden / Sehenswürdigkeiten

*Meermansburg*, Oude Vest 159, 1681 im Auftrag der Ostindischen Kompanie erbaut. *Waag*, Breestraat, monumentaler klassizistischer Mehrzweckbau aus den Jahren 1657-59. *Raadhuis*, Breestraat; dem mittelalterlichen Rathaus wurde 1594 eine neue Fassade verliehen. Die *Burg*, Burgsteeg 14, liegt auf einem künstlich aufgeworfenen Hügel. Die ursprünglich mittelalterliche Burg erhielt 1653 ihr heutiges Aussehen. *St. Pancras Kerk*, Kerkgracht, geöffnet von Mai bis September täglich von 11 – 15 Uhr, im Stil der brabanter Spätgotik. Südlich der Pieterskerk befindet sich das *Pesijnshofje*, Kloksteeg 21, in dem der englische Theologe John Robinson, Vater der Pilgerväter, 1625 starb. Er schaffte die Reise in „God's own country" mit der Mayflower von Delfshaven nach New-England (USA) nicht. Ganz in der Nähe liegt Gravensteen mit dem gräflichen Gefängnis.

## Leiden / **Museen**
*Museumsmühle de Valk,* 2. Binnenvestgracht, Tel. 0 71/ 12 15 37, geöffnet Dienstag bis Samstag von 10 – 17 Uhr und Sonntag von 13 – 17 Uhr. *Stedelijk* (städtisches) *Museum de Lakenhal,* Oude Singel 29, Tel. 0 71/ 14 40 44, geöffnet Dienstag bis Samstag von 10 – 17 Uhr und Sonntag von 13 – 17 Uhr. Der Name stammt von der alten Tuchhalle, in der das Museum heute untergebracht ist. *Rijksmuseum voor Geologie en Mineralogie*, Hooglandse Kerkgracht 17, geöffnet Dienstag bis Samstag von 10 – 12 und 14 – 17 Uhr, Sonntag von 14 – 17 Uhr. *Rijksmuseum voor Oudheden* (Archäologie), Rapenburg 28, geöffnet von Dienstag bis Samstag von 10 – 17 Uhr und an Sonn- und Feiertagen von 13 – 17 Uhr. *Prentenkabinet der Rijksuniversiteit*, Rapenburg 65, geöffnet Dienstag bis Freitag von 14 – 17 Uhr; enthält neben Drucken und Zeichnungen auch etwas zur Geschichte der Fotografie. *Rijksmuseum voor Volkenkunde* (Völkerkunde), Steenstraat 1, geöffnet von Dienstag bis Samstag von 10 – 17 Uhr, an Sonn- und Feiertagen von 13 – 17 Uhr; Kunst- und Gebrauchsgegenstände aus Afrika, Asien, den Polargebieten und Nord- und Südamerika. In der Steenstraat 1a befindet sich das *Museum Boerhaave* mit einer Sammlung für die Gebiete Mathematik und Medizin. *Nederlands Legeren Wapenmuseum* (Armeemuseum), Pesthuislaan, geöffnet Dienstag bis Samstag von 10 – 17 Uhr, Sonntag von 13 – 17 Uhr; das ehemalige Pesthaus schmückt in bezeichnender Weise ein Relief von R. Verhulst, „Die Pest als Furie", aus dem Jahr 1660. Auf der Strecke von Leiden nach Katwijk aan Zee liegt das kleine Städtchen Rijnsburg. Dort befindet sich das Haus des Philosophen Baruch Spinoza, Spinozastraat 2, heute ein kleines Museum.

## Leiden / **Praktische Informationen**
**Ärztliche Versorgung:** Academisch Ziekenhuis hinter dem Bahnhof, Rijnsburgweg.
**Bademöglichkeiten:** In Leiden gibt es mehrere Hallenbäder. Im Sommer ist man in wenigen Minuten am Strand bei Katwijk oder Noordwijk aan Zee.
**Essen und Trinken:** Besonders preiswert „De Engelenbak", Lange Mare 38, Montag bis Donnerstag von 17.30 – 20.30 Uhr. Freitag und Samstag eine halbe Stunde länger. Die ganze Woche über von 17.30 – 22 Uhr hat „De Hooykist" in der Hooigracht 49, geöffnet. Die Restaurants „Rôtiss. Oudt Leiden", Steenstraat 51, Tel. 0 71/ 1 33 11 44, „La Cloche", Kloksteeg 3, Tel. 0 71/ 12 30 53, „In den Gapenden Eter", Rapenburg 97, Tel. 0 71/ 12 21 76, und „Haagsche Schouw", Haagse Schouwweg 14, Tel. 0 71/ 76 38 80, bieten gutes Essen, sind allerdings etwas teurer. Die Preise liegen um die 40 HFL.
**Theater/Kino:** LAK-Cinema, Cleveringaplaats 1, Tel. 0 71/12 48 90; LVC, Breestraat 66 und Kijkhuis, Vrouwenkerksteeg 10, Tel. 0 71/14 28 95.
**Unterkunft:** „Mayflower", Beestenmarkt 2, Tel. 0 71/ 14 26 41. Ein kleines, angenehmes Hotel mit 10 Zimmern. Preis für ein EZ 95 HFL. Billiger, nämlich für 54

*Lelystad* 75

HFL übernachtet man im Hotel „Nieuw Minerva", Boommarkt 23, Tel. 0 71/ 12 63 58. Teuer, aber mit dem gewohnten Komfort ist das „Holiday Inn", Haagse Schouwweg 10, Tel. 0 71/ 76 93 10. Pension „Bik" Witte Singel 192, Tel. 0 71/ 12 26 02.
Östlich von Leiden bei den Kager Plassen liegt die Jugendherberge „De Trekschut" bei Kaag. Camping: „Koningshof", Elsgeesterweg 2, NL-2231 NW Rijnsburg, Tel. 0 17 18/ 2 60 51; von Leiden Richtung Katwijk. In Katwijk selbst: „De Noordduinen", Noordduinen 5, NL-2221 EV Katwijk, Tel. 0 17 18/ 25 29 95. Für jeden Standplatz gibt es Anschluß ans Kabelfernsehen.
**Verkehrsverbindungen:** Autoreisezug, Tel. 0 71/ 12 58 90. Zugverkehr mit Anschluß an Den Haag und Amsterdam. Autobahnanschluß an die A 4 (E 10). Busbahnhof am Bahnhof.
**Wichtige Adressen:** Polizei, Zonneveldstraat 10, Tel. 0 71/25 49 11.
Post, Geregracht 8, Tel. 0 71/13 41 41.
VVV, Stationsplein 210, NL-2312 AR Leiden, Tel. 0 71/14 68 46. Nördlich von Leiden liegen die berühmten Tulpenfelder um den Keukenhof. Eine Route, die nicht schnell ist, aber schön: von Leiden in Richtung Katwijk aan Zee, dann Noordwijk aan Zee und Noordwijkerhout.
Sonstiges: Botanischer Garten der Universität, Rapenburg 73, geöffnet von April bis September, Montag bis Sonntag von 10 – 16 Uhr. Allerdings sind am Sonntag die Gewächshäuser geschlossen. Von Oktober bis März Montag bis Samstag von 9 – 12 Uhr und 13.30 – 16 Uhr. Gewächshäuser am Samstag geschlossen. Der Botanische Garten von Leiden ist der älteste der Welt. Mit dem Boot kann man von Leiden aus nach Alphen a/d. Rijn zum Vogelpark „Avifauna" (Vögel aus aller Welt) fahren.

# Lelystad

Ein völlig anderes Bild als die alten Städte der Niederlande vermittelt Lelystad, die Stadt aus der Retorte. Lelystad liegt in Oostelijk Flevoland, das zusammen mit Zuidelijk Flevoland und der Noord-Oost-Polder seit dem 1.1.1986 die 12. Provinz der Niederlande stellt. Die neue Provinz Flevoland wird zur Zeit von 160 000 Menschen bewohnt. Lelystad verdankt seinen Namen dem Mann, der es am Reißbrett entworfen hat, Dr. Ing. C. Lely. Auffallend ist die scharfe Trennung zwischen Stadtzentrum, Wohnviertel und Industriezonen. Das Informationszentrum „Nieuw Land", Ostvaardersdijk, zeigt mit Modellen, Filmen, Fotos und Bodenfunden die Geschichte der Einpolderung der Zuiderzee. Das Zentrum ist täglich von 10 – 17 Uhr geöffnet. In Ketelhaven gibt es das *Museum für Schiffsarchäologie*, Vossemeerdijk 21, geöffnet von Montag bis Samstag von 9 – 17 Uhr.
Lelystad wurde in den Jahren 1954 bis 1964 erbaut. 1975 erst wurde die Almere-Stad, der südlichste Punkt Flevolands, gegründet. Im Gegensatz zu Lelystad ist

man in Almere vorsichtiger zu Werke gegangen. Die Stadt besteht aus mehreren selbständigen Kernen mit einer urbanen Struktur. Auf jeden Fall lohnt ein Rundflug über die neue Provinz und auch über die Noordoostpolder, die bereits 1942 fertiggestellt wurde. Der Flughafen liegt am Emoeweg 4. Eingebettet in die Polder liegen die ehemaligen Inseln *Urk* und *Schokland.* Wenn man auf dem Ijsselmeer segelt und bei Urk anlegt, merkt man den Unterschied sofort. Hier werden noch tagtäglich die alten Trachten getragen. In der ehemaligen Pfarrkiche von Schokland ist das *Ijsselmeerpoldermuseum* untergebracht; geöffnet Dienstag bis Samstag von 9 – 17 Uhr und Sonntag von 10 – 18 Uhr. Es zeigt vor allem archäologische Funde, die bei der Trockenlegung gemacht worden sind und gibt einen Überblick über die Arbeiten, die mit der Landgewinnung verbunden sind. Die beiden anderen großen Orte Emmeloor und Nagele sind wieder nach strengen, rationalen Überlegungen entworfen und gebaut.

**Essen und Trinken:** Lelystad: „Raedtskelder", Maerlant 14. Urk: „Havenzicht", Bootstraat 65. „Kaap", Wijk 1.
**Kino:** De Stal, Dukaatpasage 159, Tel. 0 32 00/3 33 67.
**Unterkunft:** Lelystad: „Lelystad", Agoraweg 11, NL-8224 BZ Lelystad, Tel. 0 32 00/4 24 44.
**Wichtige Adressen:** Polizei, Zuiderwagenplein 1, Tel. 0 32 00/4 62 24.
Post, Brugplein 2, Tel. 0 32 00/2 73 64.
VVV, Agorahof, NL-8224 BZ Lelystad, Tel. 0 32 00/4 34 44.
Sonstiges: Camping auf Flevoland, „De Stiepe", Venelaan 1, NL-8313 AA Rutten, Tel. 0 52 79/23 00; bietet nur einfache sanitäre Anlagen. Ein Campingplatz speziell für Surfer (Schule, Verleih) befindet sich in Biddinghuizen, „Surfcamping Rivièra", Spijkweg 15, NL-8256 RJ Biddinghuizen, Tel. 0 32 11/13 44. Hundebesitzer sind willkommen, müssen allerdings auf separaten Plätzen campieren.

# Literatur
E. Zahn, *Das unbekannte Holland,* Berlin 1984 (Siedler).
G. Janssen, *Holland*, Kunst- und Reiseführer, Zürich, München 1985 (Artemis).
Schilling, H.-D., *Niederlande.* Ein Reisehandbuch, Berlin 1985 (Express Edition).
Hetzel, H., *Richtig reisen: Holland.* Köln 1984 (DuMont).
Polyglott Reiseführer *Holland,* München 1985/86.
*101-Stedenboek van Nederland,* Eindhoven 1984.
*Kleine Geographie der Niederlande,* herausgegeben vom Ministerium für auswärtige Angelegenheiten, Utrecht/Den Haag o.J.
Trees, W., *50 x durch das Dreiländereck,* Aachen 1985, 4. Aufl. (Zeitungsverlag Aachen).
*Hollandse Campingwijzer,* Amsterdam 1985.

Huizinga, J., *Holländische Kultur im siebzehnten Jahrhundert*, Frankfurt 1977 (Suhrkamp).

## Maastricht

Maastricht, Hauptstadt der Provinz Limburg, ist die älteste Stadt der Niederlande. Die Stadt liegt zu beiden Seiten der Maas und hat rund 110 000 Einwohner. Maastricht ist zentraler Ort Zuid-Limburgs und ergänzt sich mit den Städten Lüttich in Belgien und Aachen in der Bundesrepublik. Seit der karolingischen Zeit war Maastricht kultureller Mittelpunkt für Handel und Verkehr. 1204 kam es an die Herzöge von Brabant, 1284 unter die gemeinsame Oberherrschaft von Brabant und Lüttich. 1648 fiel es an die Generalstaaten. Von 1795 – 1814 war Maastricht die Hauptstadt des französischen Departements Niedermaas. Spuren der Festungsanlagen, die 1867 geschliffen wurden, sind noch reichlich vorhanden.

### Maastricht / **Sehenswürdigkeiten**
*St. Servaaskerk* am Vrijthof, eine der wichtigsten romanischen Kirchen der Niederlande. Die Schatzkammer ist geöffnet von Mai bis November montags bis samstags in der Zeit von 10.30 – 17 Uhr und sonntags von 11 – 17 Uhr. Die *St. Janskerk*, Taufkirche der St. Servaaskerk. Die *Stadschouwburg*, 1786 in einem ehemaligen Jesuitenkloster eingerichtet. *Onze lieve Vrouwenkerk* am O.L. Vrouwenplein. Das *Rathaus* am Markt.

### Maastricht / **Museen**
*Bonnefantenmuseum*, Dominicanerplein 5, Tel. 0 43/5 16 55, beherbergt alte und neue Kunst und vermittelt einen Einblick in die Geschichte der Maasgegend; geöffnet Montag bis Freitag von 13 – 17 Uhr und Samstag und Sonntag von 14 – 17 Uhr. *Glas und Keramikmuseum*, Brusselsestraat 77, Tel. 0 43/1 25 56.

### Maastricht / **Praktische Informationen**
**Autovermietung:** Avis, Tel. 0 43/25 23 77.
**Bademöglichkeiten:** Hallen- und Freibad.
**Einkaufen:** Mittwoch und Freitag von 8 – 13 Uhr ist Wochenmarkt auf dem Marktplatz. Flohmarkt ist jeden Samstag von 10 – 16 Uhr in der Stationsstraat.
**Essen und Trinken:** Die Zeit der Franzosen hat ihre Spuren hinterlassen. Nicht nur, daß bis ins 19. Jh. Französisch Umgangssprache in Maastricht war, auch beim Essen hat sich einiges davon bewahrt, z.B. im „Chateau Neercaane", Cannerweg 800, Tel. 0 43/5 13 59. Mehr bürgerlich mit Gerichten um die 12 HFL ist „St. Martin", Wycker Brugstraat 33, Tel. 0 43/1 51 40. „Mosselhoes Tonnar", Hoendenstraat 16, Tel. 0 43/1 82 77; bietet Touristenmenüs ab 16 HFL. Kneipen: „Montmartre" am Markt 31. Im Sommer draußen sitzen kann man im Café „La Colombe", Markt 15. Wer Hunger hat, kann hier auch essen.

**Kino / Theater:** Stichting Cultureel Centrum, Achter de Komedie, Tel. 0 43/ 1 66 22. Eurohal, De Griend 18 (wechselnde Veranstaltungen). Kinos: Lumiere, Bogaardenstraat 40 b, Tel. 0 43/21 40 80; Ciné-K, Sint Bernardusstraat 13, Tel. 0 43/21 65 25.

**Unterkunft:** „Hotel Maastricht", De Ruiterij 1, Tel. 0 43/5 41 71; ein Luxushotel alten Stils. Einzelzimmer ab 170 HFL. „Du Chene", Boschstraat 104-106, Tel. 0 43/1 35 23; der Zimmerpreis liegt bei 40 HFL für das Einzelzimmer. Das angeschlossene Restaurant bietet gutes Essen unter 25 HFL.

Camping: „De Dousberg", Dousbergweg 102, Tel. 0 43/43 21 71. Der Platz liegt in Maastricht Richtung Hasselt. Weitere Plätze befinden sich in unmittelbarer Nähe zu Maastricht. „Mooi Bemelen", Gasthuis 12, Tel. 0 44 07/13 21. Von Maastricht in Richtung Berg en Terblijz. „Oriental", Rijksweg 6, Tel. 0 44 06/ 4 00 75; auf dem Weg Maastricht–Valkenburg ausgeschildert.

**Verkehrsverbindungen:** Flughafen Zuid-Limburg in Ulestraten.

**Wichtige Adressen:** Notruf, Tel. 15 55 55.

Polizei, St. Hubertuslaan 40, Tel. 0 43/84 44 44.

Post, St. Atenstraat 4, Tel. 0 43/84 31 11.

ANWB, Koningsplein 60, Tel. 0 43/62 06 66.

VVV: Vissersmaas 5, NL-6211 EV Maastricht, Tel. 0 43/1 93 63.

Auskunft über die Provinz Limburg: VVV, Postbus 811, NL-6300 AV Valkenburg, Tel. 0 44 06/1 39 93.

Sonstiges: Versteigerung von Antiquitäten und Möbeln, M. Jurrissen, Kleine Gracht 4, Tel. 0 43/1 89 94.

Im Juli und August organisierte Wanderungen durch die Stadt (VVV). Die Schiffshebewerke bei Maastricht; die Schleusen von Ternaaien, nennt man auch den Stopfen von Maastricht, denn die Schiffe aus Richtung Lüttich nach Maastricht und weiter nach Roermond oder umgekehrt müssen hier oft lange Wartezeiten in Kauf nehmen. Der Unterschied zwischen der Maas (Belgien) und der Maas (Niederlande) beträgt 15 m. Die Schleuse arbeitet das ganze Jahr über. Wer will, kann sie auch mit dem Schiff befahren. Bootsfahrt Maastricht –Lüttich: veranstaltet von der Reederei Stiphout, von Mai bis September täglich; Ablegezeit 10 Uhr. Kartenreservierung: Tel. 0 43/25 41 51. Abfahrtsort ist der Maasboulevard.

In der Nähe von Maastricht, in Cadier en Keer, kann man das ganze Jahr über das Afrika-Zentrum besuchen. Die Sammlung umfaßt ca. 1000 Gegenstände: Waffen, Musikinstrumente, Haushaltsgeräte, Möbel, Masken etc. Kinder unter 14 Jahren bezahlen 0,50 HFL, Erwachsene 2 HFL; geöffnet Montag bis Freitag von 14 – 17 Uhr und Sonntag von 14 – 17 Uhr; an Feiertagen geschlossen: Afrika-Zentrum, Rijksweg 15, Cadier en Keer, Tel. 0 44 07/12 77.

Die Grotten von Maastricht: im Krieg dienten sie der Maastrichter Bevölkerung als Schutzraum. Auch die „Nachtwache" von Rembrandt lagerte hier. Die Wandmalereien in den Grotten sind einige hundert Jahre alt. Wer sucht, der findet jedoch auch die Unterschrift von Alba und Napoleon. Die Führung durch die Grotte dauert etwa eine Stunde (Maastricht, St. Pietersberg).

**Märkte** → in den jeweiligen Orten

# Middelburg

Middelburg ist die Hauptstadt von Zeeland und liegt auf Walcheren. Die Stadt hat ungefähr 35 000 Einwohner und erhielt im Jahre 1217 Stadtrechte durch den Grafen Wilhelm I. von Holland, die 1254 durch Wilhelm II. noch erweitert wurden. Entstanden ist Middelburg schon um 880 als Fluchtburg zwischen zwei weiteren in Domburg und Soeburg. Middelburg lag in der Mitte, daher der Name. Im 10. Jahrhundert wurde für den Grafen von Flandern an deren Stelle eine Rundburg errichtet. Gut erkennbar durch die Straßen – vom Rathaus aus rechts herum – Lange Noordstraat, Hofplein, Wagenaarstraat, St. Pieterstraat, Korte und Lange Delft. Im späten Mittelalter war Middelburg ein wichtiger Handelsplatz für Waren aus England und Frankreich als Umschlagplatz für Brügge und Antwerpen.
1574 fiel die Stadt an Wilhelm von Oranien. Die Middelburger Abtei wurde Sitz der Stände. Nach der Einnahme Antwerpens durch die Spanier im Jahre 1585 flüchteten viele Kaufleute nach Middelburg und machten die Stadt zu einem unabhängigen Handelsplatz. Wie wichtig Middelburg war, erkennt man daran, daß die Stadt erst im 19. Jahrhundert von Rotterdam überflügelt wurde. Die Ost- und Westindische Kompanie unterhielten hier Kammern. 1867 bis 1972 versuchte man den wirtschaftlichen Niedergang der Stadt durch den Bau des Walcherenkanals noch einmal aufzuhalten. Für die deutsche Wehrmacht war Middelburg noch interessant genug, um die Stadt zu Beginn des Krieges, am 17. Mai 1940, durch einen Bombenangriff weitgehend zu zerstören. Nach dem Krieg wurde Mittelburg unter Berücksichtigung der alten Pläne wieder aufgebaut.

## Middelburg / **Sehenswürdigkeiten**

*Raadhuis,* Markt, zu besichtigen von April bis Oktober Montag bis Freitag von 10 – 12 Uhr und 13.30 – 16 Uhr; der spätgotische Bau besteht aus drei Flügeln, die einen Innenhof einschließen. Das aus dem 15. Jahrhundert stammende Haus weist Ähnlichkeiten mit dem Rathaus in Brüssel auf. Die Abtei war eine Gründung des Klosters der Chorherren zu Vormezeelde. 1559, bei der Neueinteilung der niederländischen Bistümer, wurde der Abt der Abtei gleichzeitig Bischof. Es gab jedoch nur einen, N. van der Burch, denn im Jahre 1574 eroberte Wilhelm von Oranien die Stadt und säkularisierte die Abtei. Heute ist sie Sitz der Provinzialverwaltung. Ein Flügel ist Sitz der Admiralität von Zeeland. *Ostkerk,* zu besichtigen von Mitte Juli bis Mitte August, jeweils am Donnerstag von 10 – 16 Uhr, ist ein achteckiger Kuppelbau, Vorbild für viele protestantische Kirchen in den

Niederlanden. Wer außerhalb der offiziellen Zeit die Kirche besichtigen möchte, kann sich in der Simpelhuisstraat 12 melden.

## Middelburg / **Museen**
Middelburg ist Sitz der Seeländischen Gesellschaft für Wissenschaften. *Zeeuws Museum*, Abdij 3, geöffnet von Dienstag bis Freitag von 10 – 17 Uhr, von Mai bis September auch Samstag von 13.30 – 17 Uhr und im Juni bis August jeden Sonntag von 13.30 – 17 Uhr; es zeigt Gegenstände aus der langen Kulturgeschichte Zeelands. Hier kann man auch die Altarsteine für die germanische Göttin Nehalennia bewundern, die im 17. Jahrhundert in der Umgebung von Domburg gefunden wurden. Kein Museum im eigentlichen Sinne ist *Miniatur Walcheren* zwischen Koepoortlaan und Molenwater, geöffnet von Ende März bis Ende September täglich von 9.30 – 17.30 Uhr, das als 7000 qm großes Modell die Insel mit allen Gebäuden und Einrichtungen im Maßstab 1 : 20 zeigt.

## Middelburg / **Praktische Informationen**
**Ärztliche Versorgung:** Krankenhaus am Molenwater.
**Autovermietung:** AMZ Travel Agent, Westwal 23 in Goes, Tel. 0 11 00/2 35 00 (Hertz). Anfragen für InterRent, Kruisweg 607, NL-2132 NA Hoofdorp, Tel. 0 20/17 76 66.
**Bademöglichkeiten:** ca. 1/2 Stunde zum Strand. Hallenbad Poelendaale Singel. Dort befindet sich auch ein Freibad.
**Einkaufen:** Probieren sollte man auf jeden Fall Zeeuwse Suikerwafels. Auch den Wochenmarkt, der jeden Donnerstag von 10 – 16 Uhr stattfindet und zu dem die Bäuerinnen aus der Umgebung in ihren Trachten kommen, sollte man sich nicht entgehen lassen. Einen speziellen Gemüsemarkt gibt es samstags von 10 – 16 Uhr auf dem Marktplatz. Und in den Monaten Juni bis September findet auf dem Vismarkt jeden Donnerstag ein Kunst- und Antiquitätenmarkt statt.
**Essen und Trinken:** „De Huifkar", Markt 19. „Treffcentrum", Potter Bakkersingel 12; es ist preiswert, aber nur in der Woche bis Freitag von 17 – 20 Uhr geöffnet. Preiswert und täglich geöffnet von 10 – 1 Uhr ist „de Klos", Vlasmarkt. Teurer ißt man bei „Michel", Korte Geere 19. „Den Gèspleten Arent", Vlasmarkt, oder im „Het Groot Paradijs", Damplein 13. Nicht ganz billig, aber gut ist das „Visrestaurant bij het Stadhuis", Lange Noordstraat 8.
**Unterkunft:** „Nieuwe Doelen", Loskade 3, NL-4331 HV Middelburg, Tel. 0 11 80/1 21 21; das Hotel liegt direkt am Kanal. „Roelant", Koepoortstraat 10, NL-4331 SL Middelburg, Tel. 0 11 80/3 33 09; nicht direkt im Zentrum, dafür aber preiswert. Für ein Einzelzimmer zahlt man 35 HFL. Mit 105 HFL für ein Einzelzimmer ist das „Le Beau Rivage", Loskade 19, NL-4331 HW Middelburg, Tel. 0 11 80/3 80 60, das teuerste der drei Hotels. Und dieses Haus liegt direkt am Kanal.

*Naarden* 81

**Verkehrsverbindungen:** Autobahn A 58 Vlissingen-Breda. Bahnstation. Busse verbinden Middelburg regelmäßig mit den anderen Orten auf Walcheren.
**Theater:** Klein, aber fein und einen Besuch wert ist das Puppentheater „Parcival" in der Brakstraat 9-13. Schuttershoftheater, Schuttershofstraat 1; Bibliotheektheater, Kousteensedijk 7; Electro, Markt 79.
**Wichtige Adressen:** Polizei, Achter de Houttuinen 10, Tel. 0 11 80/2 72 51.
Post, Lange Noordstraat 48, Tel. 0 11 80/1 44 54.
VVV, Markt 65a, NL-4331 LL Middelburg, Tel. 0 11 80/1 68 51. Auskunft über die gesamte Provinz Zeeland, VVV, Tel. 0 11 80/2 80 51.

## Muiden

Muiden, vor allem bekannt durch das Muiderslot (Schloß) und den Geschichtsschreiber und Dichter Pieter Corneliszoon Hooft, der 1609 Dorst von Muiden wurde. Hooft ist einer der Hauptvertreter der niederländischen Renaissancedichtung und der bedeutendste Geschichtsschreiber des 17. Jahrhunderts. Auf dem Muiderslot versammelte er den sogenannten Muiderkring, eine Gesellschaft der größten Gelehrten seiner Zeit. Gebaut wurde das Muiderslot zur Zeit der Regierung Floris V., der hier später einige Jahre gefangengehalten wurde. Hooft hat diesen Stoff in seinem Werk „Geeraerdt van Velsen" verarbeitet.
**Bademöglichkeiten:** Zum Baden fährt man am besten an den Strand der Ijssel bei Muiderberg.
**Essen und Trinken:** „De Doelen", Sluis 1, Tel. 0 29 42/32 00. „Muiderhof", Herengracht 75, Tel. 0 29 42/45 07.
**Wichtige Adressen:** VVV, Kazernestraat 10, NL-1398 AN Muiden, Tel. 0 29 42/47 54.

## Naarden

Naarden ist ein kleiner Ort in „de Gooi", in der Nähe von Hilversum. Zusammen mit Weesp und Muiden bildete der Ort einen Festungsring an der holländischen Wassergrenze.
Naarden ist noch ganz von dem sternförmigen Festungswall umgeben und hat den Rang eines nationalen Denkmals. Das *Festungsmuseum*, Westwallstraat, ist geöffnet von Mai bis September Dienstag bis Freitag von 10 – 16.30 Uhr und Samstag bis Montag von 13 – 17 Uhr. Von April bis Oktober ist das Museum nur Samstag und Sonntag von 13 – 17 Uhr geöffnet. Im *„Het Spaansehuis"* erinnert eine Tafel, der sogenannte Griebenstein, an das Blutbad der Spanier im Jahr 1572. Das Haus liegt an der Turfpoortstraat. Im Haus befindet sich das *Comeniusmuseum*. Es erinnert an den Pädagogen Johann Amos Comenius. Das Museum ist täglich außer montags in der Zeit von 14 – 16 Uhr geöffnet. Ein von der Tschechoslowakei gestiftetes Comeniusdenkmal steht auf dem Kapt. Meijerweg. Berühmt ist auch die Aufführung der Matthäuspassion, die alljährlich am

Karfreitag in Naarden aufgeführt wird. Auskunft erteilt der VVV, A. Dorstmanplein 1b, NL-1411 PE Naarden, Tel. 0 21 59/4 28 36. Essen gibt es in der „Auberge le Bastion", St. Annastraat 3, Tel. 0 21 59/4 66 05, und im „Bistro de Oude Smidse", Marktstraat 30, Tel. 0 21 59/4 37 95. Im Rathaus von Weesp ist eine Ausstellung „Weesper Porzellan" zu besichtigen, Samstag von 14 – 17 Uhr.
Früher war die Schleuse von Weesp wichtig für den Warenverkehr von und nach Utrecht. Bewundert werden können in den kleinen Städtchen noch drei alte Mühlen: „de Eendracht" (die Eintracht), „de Vriendschap" (die Freundschaft) und „'t Haantje" (das Hähnchen).

# Nijmegen
Nijmegen hat rund 150 000 Einwohner und liegt links der Waal teils auf Hügeln. Die keltische Siedlung wurde unter Trajan im Zuge des Limes römisches Castricum. Die Siedlung unterhalb des Kastells wurde bereits 105 n. Chr. zur Stadt erhoben, mit dem Namen Civitas Ulpia Noviomagus. Seit Karl dem Großen war es Pfalz (der heutige Valkhof) und seit 1230 freie Reichstadt. 1248 kam Nijmegen an die Herzöge von Geldern und wurde von 1343 an deren ständige Residenz. Mit der Übernahme durch das Herzogtum Geldern erfolgte der Beitritt zur Hanse im Jahre 1248.
In den Kriegen der Niederlande mit Spanien und Frankreich erlebte die Stadt ein wechselhaftes Schicksal. Der Frieden von Nijmegen vom 5.2.1679 beendete den Holländischen Krieg. Frankreich räumte die Generalstaaten. 1878 wurde die Festung Nijmegen geschliffen. Die Innenstadt wurde 1944 bei einem deutschen Bombenangriff völlig zerstört. In Nijmegen befindet sich die einzige römisch-katholische Universität der Niederlande auf dem Gelände des ehemaligen Gut Heyendael. Die Stadt ist Geburtsort des hl. Petrus Canisius, der zweite Apostel der Deutschen nach Bonifatius. Er bestimmte im 16. Jahrhundert die Gegenreformation mit. Nach ihm benannt sind der Canisiusverein, das Canisiuswerk und das Canisianum, ein internationaler theologischer Konvikt in Innsbruck. Nijmegen ist eine grüne Stadt mit einer reizvollen und schönen Umgebung. Im Volksmund wird sie auch Gelderns *Lustort* genannt.

### Nijmegen / **Sehenswürdigkeiten**
*St. Stevenskerk* an der Hezelstraat; die Kirche, die durch die Bombenangriffe schwer beschädigt worden war, wurde 1969 wiederhergestellt. Erhalten geblieben ist das spätgotische Grabmal der Anna Catharina von Bourbon. Den *Grote Markt* erreicht man – östlich des Chores – durch ein spätgotisches Doppeltor. An der *Waage* aus dem Jahr 1621 befindet sich eine Statue von Mariken van Nieumeghen, der Hauptperson des gleichnamigen Mysterienspiels aus dem 15. Jahrhundert, ein Stück aus der Zeit der Rederijkers. Die Rederijkers waren, besonders in den südlichen Niederlanden, seit 1400 wirkende Dichter, die sich in

den sogenannten Rederijkerskamers zusammengeschlossen hatten. Die Gilde der Rederijkers inszenierte Aufzüge mit lebenden Bildern. Ihre Bühne glich dem elisabethanischen Theater. Das *Raadhuis* an der Bruchstraat wurde im 2. Weltkrieg bis auf die Fassaden vernichtet. Der Valkhof, die Pfalz Karls des Großen, 768 erbaut, 880 von den Normannen und 1074 durch Brand zerstört, wurde 1155 von Friederich Barbarossa wieder aufgebaut und erweitert. Erhalten geblieben ist die achteckige *St. Nikolaaskapelle*. Vom *Belvédère*, einem ehemaligen Verteidigungsturm, der heute Restaurant ist, hat man einen schönen Blick bis hin zur Waal. *Stadtpark de Goffert;* Ausflugstätte für die ganze Familie mit Freilichtbühne, Rotwildgehege, Kinderbauernhof, Freibad und Ziergarten. Lohnend ist auch ein Ausflug nach *Berg en Dal*, wo man nicht versäumen sollte, einen „lekkeren" Pfannkuchen zu essen.

### Nijmegen / **Museen**
*Rijksmuseum G.M. Kam*, Kamstraat 45, geöffnet Dienstag bis Samstag von 10 – 17 Uhr und Sonntag von 13 – 17 Uhr. *Africa-Museum*, Postweg 6, Berg en Dal, geöffnet von Dienstag bis Samstag von 9 – 17 Uhr und Sonntag von 11 – 17 Uhr, zeigt Ethnologisches aus Afrika. Angeschlossen ist ein kleines Freilichtmuseum mit einem Tiergarten, der Tiere aus Afrika beherbergt. *Heilige Land Stichting*, Mgr. Suyslaan 4, ist ein biblisches Freilichtmuseum. Dargestellt werden biblische Szenen und religiöse Kulturen des Mittelmeerraums. In der *Kommandantur von St. Jan*, Franse Plaats 3, erhält man einen Überblick über die Geschichte der Stadt. *De Stichting Velroma*, Waalkade 107, hat alles ausgestellt, was mit der Fortbewegung des Menschen zu tun hat – vom Laufrad bis zum Auto.

### Nijmegen / **Praktische Informationen**
**Ärztliche Versorgung:** Krankenhaus, Universitätsklinik Radbout, Annastraat.
**Bademöglichkeiten:** Freibäder, Goffertweg, Zwembad De Lubert auf der Draneburgstraat in Groesbeek. Hallenbäder, van Beethovenstraat, Nijmegen-Oost und auf der Planetenstraat 65 in Nijmegen-West.
**Einkaufen:** im Zentrum um die Hezelstraat. Wochenmärkte Montagmorgen und Samstagmittag.
**Essen und Trinken:** Sehr preiswert ißt man bei „André", Groesbeekseweg 307, in der Woche von 12 – 20.30 Uhr, „Den Olden Heerd", Hertogstraat 123, von Montag bis Samstag von 12 – 14 Uhr und 16.30 – 21 Uhr. „De Karseboom", van Broeckhuysenstraat 12-13, serviert ein Touristenmenü mit drei Gängen ab 16 HFL. „Belvédère", Kelfkensbos 57; nicht ganz billig, aber dafür mit einem schönen Blick über die Alleen. „Fong Shou", van Schaeck Mathonsingel 16 (chinesisch). „Station", Stationsplein 5. Kneipen und Cafés: viele Studentenkneipen. „Café de Stof", Koningstraat. „Café de Opera", ebenfalls auf der Koningstraat.
**Theater/Kino:** Concert Gebouw „De vereeniging", Oranjesingel. Stadschouwburg, Nassausingel. Kinos: Calypso, Tel. 0 80/23 49 45. Scala, Tel. 0 80/

22 00 30. Carolus, Tel. 0 80/23 05 03. Cultuurcentrum „De Lindenberg", Lindenberg.

**Unterkunft:** „Belvoir", Graadt van Roggenstraat 101, NL-6522 AX Nijmegen, Tel. 0 80/23 23 44; mit einem Preis von 117 HFL eines der teuersten, dafür aber das komfortabelste haus am Platz. „Sleep-in", van Berchemstraat 6, geöffnet von Juni bis September und sehr billig. Eine Jugendherberge gibt es in Ubbergen und in Groesbeek, Bieseltlaan 2, Tel. 0 88 91/53 69, geöffnet von Juni bis September.
Camping: Die Plätze sind alle gepflegt, liegen günstig und bieten den Komfort, den man von einem Campingplatz in den Niederlanden erwartet. „De Kwakkenberg", Luciaweg 100, NL-6523 NK Nijmegen, Tel. 0 80/23 24 43. „De Waard", Warstraat 70, NL-6681 VV Waard, Tel. 0 88 11/23 20. „De But", Postweg 10, NL-6571 CS Berg en Dal, Tel. 0 88 95/16 34. „Maikenshof", Oude Kleefsebaan 134, NL-6571 BK Berg en Dal, Tel. 0 88 95/16 51. Der Platz befindet sich etwa 400 m hinter dem Tivolipark. „De oude Molen", Molenweg 46, NL-6561 AK Groesbeek, Tel. 0 88 91/17 15. Nordöstlich von Groesbeek „De Lubbert", Krankenburgsestraat, NL-6561 AL Groesbeek, Tel. 0 88 91/12 95.

**Verkehrsverbindungen:** Anschlüsse an die Autobahnen A 50 Den Bosch und A 15 Rotterdam. Züge verkehren mehrmals stündlich. Vor dem Bahnhof befindet sich der Busbahnhof für den öffentlichen Nahverkehr und der Busbahnhof für die umliegenden Gemeinden und Städte.

**Wichtige Adressen:** Polizei, Marienburg 30, Tel. 0 80/22 56 44.
Post, Stationsplein, Tel. 0 80/22 83 00.
VVV, Sint Jorisstraat 72, NL-6511 TD Nijmegen, Tel. 0 80/22 54 40.
Sonstiges: Tivolipark in Berg en Dal; Vergnügungspark mit Spukhaus, Lachspiegelkabinett und anderen Attraktionen; geöffnet ist der Park von Ostern bis Oktober. Duivelsberg in Berg en Dal; bei gutem Wetter Sicht bis Kleve. Das ganze Jahr über findet am St. Stevenskerkhof in Nijmegen ein Flohmarkt statt, und zwar jeden Montag in der Zeit von 9 – 13 Uhr. Der lange Marsch, de Vierdaagse, findet jährlich in der dritten Juliwoche statt. Wer gut zu Fuß ist, kann mitmarschieren. Informationen beim VVV. Die Kunsteisbahn am der Heyendaalseweg 98 ist von Mitte September bis Mitte April täglich geöffnet. Etwas weiter, nämlich ins Land van Maas en Rijn, muß man schon fahren, wenn man in Kesteren am Bienenmarkt teilnehmen möchte, der im April stattfindet. Auskunft beim VVV Gelders Rivierengebied in Tiel, Tel. 0 18 86/12 60. Zum Wandern lädt auch die Mooker Heide ein, südlich von Nijmegen und das Naherholungsgebiet De Messemaker. Wer länger in dieser Gegend bleiben will, findet in Plasmolen, Rijksweg 170, NL-6586 AB Mook, Tel. 0 88 96/14 44, ein erstklassiges Hotel. Essen kann man im „Plasmolense Hof", Rijksweg 203, Tel. 0 88 96/15 97.

## Notfall
Bei Notfällen aller Art kann man sich in jedem Fall an die Polizei wenden, die dann das Nötige veranlaßt. Da es in den Niederlanden keinen einheitlichen Notruf gibt, ist es ratsam, sich die Rufnummer der Polizei des Ortes, in dem man sich aufhält, zu merken. Bei Autounfällen immer solange dableiben, bis die Polizei eingetroffen ist. Das empfiehlt sich auch bei sogenannten Bagatellfällen.
→ *Automobilclubs, Polizei, Ärztliche Versorgung*

**Öffentliche Verkehrsmittel** → *Reisen im Land*

**Pensionen** → *Unterkünfte*

## Politik
Die Niederlande sind eine konstitutionelle Monarchie, erblich im Hause Oranien-Nassau. Staatsoberhaupt ist seit 1980 Königin Beatrix. Das Königreich der Niederlande setzt sich aus 12 Provinzen zusammen: Noord- und Zuidholland (abgeleitet von diesen Provinzen auch der Name Holland für die Niederlande), Zeeland, Overijssel, Flevoland (seit dem 1.1.1986), Groningen, Friesland, Utrecht, Drenthe, Noordbrabant, Gelderland und Limburg. Jede der 12 Provinzen hat ein Parlament, dessen Mitglieder auf vier Jahre direkt gewählt werden. Höchster Beamter ist der Kommissar der Krone. Das niederländische Parlament besteht aus zwei Kammern: der ersten Kammer mit 75 von den Provinzialparlamenten gewählten Mitgliedern (für sechs Jahre) und der zweiten Kammer mit 150 unmittelbar vom Volk für vier Jahre gewählten Abgeordneten. Die vollziehende Gewalt liegt bei der Krone. Sie übt zusammen mit dem Parlament (den Generalstaaten) die gesetzgebende Gewalt aus. Nach einer Wahl bestimmt die Krone einen „Informateur", einen Vertreter der stärksten Partei, der das Kabinett zusammenstellt. Ein Gesetz erlangt Gültigkeit nach Passierung der Ersten Kammer (nur Zustimmungs- und Vetorecht), der Zustimmung durch die Zweite Kammer, der Unterschrift der Krone und des verantwortlichen Ministers. Die Minister dürfen nicht dem Parlament angehören und müssen bei Wahl ihr Amt niederlegen. Eine 5 %-Klausel kennt das niederländische Wahlrecht nicht. Das erklärt unter anderem die Vielzahl der politischen Parteien. Daß das Land dennoch regierbar und die Regierung handlungsfähig bleibt, liegt an der tiefverwurzelten demokratischen Einstellung der Niederländer.

## Polizei
Die niederländische Polizei ist im allgemeinen freundlich und hilfsbereit. Bei Touristen wird schon mal ein Auge zugedrückt. Strafmandate wegen falschen Parkens sollte man jedoch lieber bezahlen, wenn man das Land noch einmal be-

suchen möchte. Die Daten werden nämlich an die Grenze weitergegeben, und bei der nächsten Einreise gibt es dann eine böse Überraschung.

## Post
Postämter gibt es in allen Städten und Orten. Sie sind in der Regel von 8.30 – 17 Uhr geöffnet; in den großen Städten auch samstags von 8.30 – 12 Uhr. Postgebühren: für Ansichtskarten in EG-Länder (auch Österreich und Schweiz) 0,50 HFL, sonst 0,65 HFL. Für Briefe bis 20 g in EG-Länder, Österreich und Schweiz 0,70 HFL, sonst 0,90 HFL. Besitzer von Postsparbüchern können in den Niederlanden bei Vorlage von Postsparbuch, Karte und Paß oder Personalausweis Geld abheben. Und zwar innerhalb von 30 Tagen Gulden im Gegenwert von 2000 DM in runden Hunderterbeträgen oder die Gesamtsumme an einem Tag.

## Reiseapotheke
Wer ständig auf Medikamente angewiesen ist, sollte sich einen Vorrat mitnehmen, da es diese Medikamente in der Regel nur auf Rezept gibt. Das setzt einen Gang zum Arzt voraus. Ansonsten braucht die Reiseapotheke nicht mehr zu enthalten als den Inhalt einer genormten Autoapotheke.

## Reisen im Land
**Mit dem Auto:** Das Straßennetz in den Niederlanden ist hervorragend ausgebaut und beschildert, so daß man schnell und bequem sein Ziel erreicht.
**Mit der Bahn:** Das Schienennetz der NS (Nederlandse Spoorwegen) ist mit einer Gesamtlänge von ca. 3000 km lückenlos. Jeder Ort ist mit der Bahn, manchmal in Verbindung mit dem Bus, gut zu erreichen. Rund 4000 Züge fahren täglich 355 Bahnhöfe an. Fahrpläne gibt es an Bahnhöfen, einigen Kiosken und im Buchhandel. Routenvorschläge für Touristen geben der VVV und die niederländischen Fremdenverkehrszentralen. Für 53,50 HFL erhält man eine Karte, mit der man den ganzen Tag durch die Niederlande reisen kann. Legt man 4,50 HFL hinzu, bekommt man eine Ergänzungskarte, die für alle öffentlichen Verkehrsmittel gültig ist. Bahnhofsgaststätten dürfen nur mit einem gültigen Fahrausweis betreten werden. Ein Verzehr ist jedoch nicht vorgeschrieben.
**Mit dem Flugzeug:** Innerhalb der Niederlande werden einige Städte wie Eindhoven, Maastricht, Rotterdam und Groningen von einer Tochtergesellschaft der KLM, der City-Hopper B.V., in einem Zweistundenrhythmus angeflogen (auch einige Städte in der Bundesrepublik und Basel in der Schweiz). Auskunft: KLM City-Hopper, Postbus, NL-1117 ZL Schiphol.
**Mit dem Motorrad:** → *Auto*.
**Mit dem Fahrrad:** Die Niederlande sind ein ausgezeichnetes Fahrradland. Gut ausgebaute und beschilderte Radwege und -routen fordern geradezu heraus, das Land per fiets zu bereisen. In vielen Orten und an Bahnhöfen kann man sich

Fahrräder leihen. Ideal ist eine Kombination von Bahnreise und Fahrradtrip. Bei einigen Fahrkarten ist der Preis für das Fahrrad bereits im Preis enthalten. Informationen über den VVV. Ein Verein „Vrieden op de fiets" vermittelt für Fahrradtouristen preiswerte Privatunterkünfte. Information: Mevrouw P. de Blécourt, Brahmstraat 19, NL-6904 DA Zevenaar.

**Busse und Bahnen:** Öffentliche Nahverkehrsmittel fahren regelmäßig. Berechnet wird nach Zonen. Karten kauft man beim Schaffner. Billiger ist es jedoch, sich an den Vorverkaufsstellen in Bahnhöfen, bei Postämtern oder den Büros der Verkehrsvereine Karten zu kaufen. In den Städten befindet sich der Busbahnhof meistens in unmittelbarer Nachbarschaft zum Bahnhof.

**Taxen** findet man auf jeden Fall am Bahnhof. Sonst werden sie in der Regel telefonisch bestellt. Erkennbar sind sie durch ein Dachschild mit der Aufschrift Taxi. Abgerechnet wird nach Kilometern. Wegen der relativ hohen Benzinkosten ist Taxifahren nicht ganz billig.

## Religion

Der größte Prozentsatz der Niederländer (42 %) gehört kleineren und/oder nicht christlichen Glaubensgemeinschaften an. Es folgen die Katholiken (vorwiegend im Osten und Süden), die evangelischen Kirchen (im Norden und Osten), unterteilt in De Nederlands Hervormde Kerk und De Gereformeerdekerk.

## Restaurants

Die Palette der Restaurants reicht von billig über preiswert bis teuer. Billig und preiswert sind vor allem die zahlreichen Frittenbuden, Automatenrestaurants, Lunchrooms und Broodjeswinkel. Preiswert sind auch die Restaurants mit dem Schild „Touristenmenu"; die Menüs bestehen aus drei Gängen, kosten ca. 19 HFL. Die meisten asiatischen Restaurants verkaufen ihre Speisen auch außer Haus. Ansonsten findet man in den Niederlanden die ganze Vielfalt in- und ausländischer Küchen. In der Regel sind Restaurants bis 23 Uhr geöffnet. Die Küche schließt jedoch schon um 22 Uhr. Ausnahmen gibt es in Großstädten wie Amsterdam und Rotterdam.

Ca. 320 Restaurants im ganzen Land bieten die original-niederländische Küche. Man erkennt diese Restaurants an einem Schild mit einer Suppenterrine und der Aufschrift: Neerlands Dis.

**Retranchement** → *Sluis*

## Roermond

Roermond, eine Stadt mit rund 40 000 Einwohnern, entstand im 12. Jahrhundert als Siedlung Ruregemunde an der Mündung der Rur (niederländisch Roer, wird aber so ausgesprochen wie im Deutschen) in die Maas. 1230 erhielt Roermond

Stadtrechte und gehörte zum Herzogtum Geldern. Von 1441 an war die Stadt Mitglied der Hanse. Ihre Blüte verdankte sie dem Tuchgewerbe und dem Handel. Im 80-jährigen Krieg mal von den Spaniern, mal von den Niederländern besetzt, kam sie nach dem Frieden von Utrecht an Österreich. 1915 niederländisch, wurde sie 1830 bis 1839 belgisch und ab 1852 wieder niederländisch. Im 2. Weltkrieg wurde die Stadt schwer zerstört. Das mittelalterliche Straßenbild der Stadt ist auch heute noch teilweise erhalten. Durch den Kiesabbau in der Umgebung von Roermond sind zahlreiche Seen entstanden, die heute von Seglern und anderen Wassersportlern genutzt werden.

## Roermond / **Sehenswürdigkeiten**

Die *Münsterkerke Onze Lieve Vrouw*; Roermond ist geistliches Zentrum der katholischen Provinz Limburg und Bischofsitz. Die Kirche gehörte zu dem von den Grafen von Geldern gestifteten Zisterzienserkloster und stellt eines der schönsten Beispiele der Spätromantik im Maas-Rhein-Gebiet dar. Vergleiche mit den romanischen Kirchen in Köln, Trier und Maria Laach lassen sich ziehen. Das *Rathaus* am Markt. Das ehemalige *Kartäuserkloster*, Swalmerstraat 52, gegründet 1376, ist mit einer Orgel aus dem Jahre 1750 und einer Kapelle in süddeutschen Rokokostil ausgestattet. Die *St. Christoffelkathedrale* am Markt ist die Kirche des Schutzpatrons der Stadt. *Huis Kraanpoort*, das Geburtshaus des Malers Hendrik Leuyten, ist heute ein Restaurant. *Minderbroederkerk*, Minderbroederstraat, eine Hallenkirche aus dem 15. Jahrhundert. Geboren in Roermond ist auch der Architekt P.J.H. Cuypers (1827 – 1921), der in seiner Vaterstadt eine Werkstatt für christliche Kunst gründete. Interessant in diesem Zusammenhang ist der königliche Erlaß aus dem Jahre 1824, der besagte, daß Kirchen, protestantische wie katholische, nur noch von Architekten und Ingenieuren des Rijkswaterstaat – Wasserbauamt – gebaut werden durften. Im Volksmund hießen sie dann auch Waterstaatskerken. Vor allem Katholiken durften ihre Kirchen nicht so bauen, dßa sie von außen als solche erkennbar waren. Das Verdienst von Cuypers und seiner Werkstatt liegt denn auch darin, daß er den Rückstand einholte und eine Emanzipation des katholischen Kirchenbaus betrieb. Bemerkenswert ist auch das in einem Park liegende *Kasteel Hattem* am Maastrichterweg. Auf der anderen Seite der Roer, am westlichen Ufer, liegt die *Stammburg der Grafen van Hoorne*. Der bekannteste aus der Familie derer van Hoorne ist Philipp de Montmorency-Nivelle, der von seinem Stiefvater den Grafentitel van Hoorne erhielt und 1560 in Brüssel, zusammen mit dem Grafen von Egmond, enthauptet wurde. Der *Dierentuin Kitskenberg*, Keulsebaan 150, ist ein Zoo.

## Roermond / **Museen**

*Gemeentemuseum*, Andersonweg 8, geöffnet Dienstag bis Freitag von 10 – 12 Uhr und 14 – 17 Uhr, Samstag und Sonntag von 14 – 17 Uhr, zeigt eine fast lückenlose Dokumentation über Leben und Werk von Cuypers und Gegenstände aus der Geschichte der Stadt.

Roermond / **Praktische Informationen**
**Ärztliche Versorgung:** Krankenhaus, Mgr. Driessenstraat.
**Autovermietung:** Anfragen bei InterRent Holland B.V., Tel. 0 20/17 76 66, oder am Wohnort.
**Einkaufen:** um das Münster in der Hamstraat.
**Essen und Trinken:** „La Cascade", Koolstraat 3. „Kraanpoort", Kraanpoort 1. Beide Restaurants sind nicht zu teuer für das, was sie bieten. Gerichte gibt es ab 35 HFL. „Tin-San", Varkensmarkt 1 (chinesisch).
**Nachtleben:** Schwulencafé Sinderhannes, Swalmerstraat 42, von 21 – 2 Uhr geöffnet.
**Theater/Kino:** Theater und kulturelles Zentrum ist die Oranjerie in der Nähe der Kloosterwandstraat. Filmhuis, Swalmerstraat 61, Tel. 0 47 50/3 39 76.
**Unterkunft:** „De la Station", Stationsplein 9, NL-6041 GN Roermond, Tel. 0 47 50/1 65 48. Das Haus gehört zur Mittelklasse und liegt direkt am Bahnhof. Preis für ein Einzelzimmer 60 HFL. Gut bürgerlich und für 20 HFL weniger übernachtet man im Hotel „Cox", Mallbroek 102, NL-6042 Roermond, Tel. 0 47 50/2 11 54. Jugendherberge: „'t Sangershoes" in Beegden, westlich von Roermond, NL-6099 BK Beegden, Kruisstraat 11, Tel. 0 47 47/12 83. Etwas nördlich: „De ijzeren Man", Herenvennenweg 60, NL-6006 SW Weert, Tel. 0 49 50/3 32 02; der Platz bietet Schwimmbad, Disco und viele Aktivitäten für Kinder. Er ist das ganze Jahr über geöffnet.
**Verkehrsverbindungen:** In Maasbracht südlich von Roermond Anschluß an die A 2 nach Eindhoven. Bahnstation, Busbahnhof. Taxen. Roermond ist Grenzübergang zur Bundesrepublik Deutschland.
**Wichtige Adressen:** Polizei, Wilhelminaplein 26, Tel. 0 47 50/1 00 20.
Post, Kloosterwandstraat 6, Tel. 0 47 50/3 24 41.
VVV, Markt 24, NL-6051 EM Roermond, Tel. 0 47 50/3 32 05.
Sonstiges: Roermond verfügt über drei Jachthäfen: „Hatenboer", „Rosslag" und „La Bonne Aventure". Hier können auch Boote gemietet werden. Segelschule „Limburg", Tel. 0 47 54/16 46. Die Reederei Vitabene veranstaltet vom Hafen Willem Alexander aus Rundfahrten über die Maas.

# Roosendaal

Roosendaal ist mit etwa 55 000 Einwohnern eine moderne Industriestadt, Eisenbahnknotenpunkt und Grenzbahnhof für die Strecke Antwerpen–Rotterdam. Sehenswert sind die *St. Janskerk*, Bloemenmarkt, mit einem Turm aus dem 16. Jahrhundert und das 1762 erbaute *Tongerlohuis* mit dem Museum „De Ghulden Roos". Einen Park mit Hirschgehege bietet der *Vrouwenhof*. Das *Rathaus* am Markt stammt aus den ersten Jahren des 18. Jahrhunderts.
*Museum De Ghulden Roos,* Molenstraat 2, geöffnet außer Montag täglich von 14 – 17 Uhr. Das Museum stellt vor allem alte Trachten, aber auch altes Spielzeug aus.

Roosendaal / **Praktische Informationen**
**Ärztliche Versorgung:** Das Krankenhaus befindet sich in der Boerenhavenlaan 23.
**Bademöglichkeiten:** Freibad, Stokweg; Hallenbad, Zundertseweg und Nieuwstraat 6.
**Einkaufen:** im Zentrum; Wochenmarkt, Nieuwe Markt, Montag von 10 – 16 Uhr. Fischmarkt, Tongerloplein, Donnerstag und Freitag von 10 – 17 Uhr. Spezieller Blumen- und Gemüsemarkt, Markt, Samstag von 14 – 18 Uhr.
**Essen und Trinken:** Gute chinesische Küche bekommt man im „Azie", Brugstraat 12. „Vroenhout", Vroenhoutseweg 21; ausgezeichnetes Essen, aber nicht billig, à la carte von 48 HFL aufwärts.
**Theater:** Freilichttheater, Scholtensboslaan 1.
**Unterkunft:** „Goderie", Stationsplein 5b, NL-4702 VX Roosendaal, Tel. 0 16 50/5 54 00; gehört mit einem Preis von 133 HFL für ein Einzelzimmer zu den teuren Hotels. Dafür liegt es jedoch direkt am Bahnhof. Doppelzimmer bekommt man ab 148 HFL.
Camping: nicht direkt in Roosendaal liegt der Platz „Hoeven", Oude Antwerpsebaan 816, NL-4741 SG Hoeven, Tel. 0 16 59/25 70.
**Verkehrsverbindungen:** Anschlußstellen an die A 58 und die A 17. Eisenbahnverkehrsknotenpunkt. Öffentlicher Busverkehr.
**Wichtige Adressen:** Polizei, Nieuwstraat 4, Tel. 0 16 50/3 79 50.
Post, De Rozelaan 45, Tel. 0 16 50/4 09 50.
VVV, Dr. Braberstraat 9, NL-4701 AT Roosendaal, Tel. 0 16 50/5 44 00.
Sonstiges: Ein Abstecher in die Rucphense en Langendijkse Heide. Ein kleiner Flughafen befindet sich in St. Willebrord. Einen Besuch wert ist der Naturpark Noordhoek, nordöstlich von Roosendaal und die Windmühle „Molen De Hoop", Gezellenlaan. Wenn samstags genug Wind bläst, wird sie in Betrieb genommen. Im Sommer (August) findet im Freilichttheater ein Popfestival statt. Auskunft über den VVV. Internationales Jugendradrennen ist Ende Juni bis Anfang Juli.

# Rotterdam

Rotterdam ist die zweitgrößte Stadt der Niederlande und der wichtigste Handelsplatz des Landes, im Warenumschlag der größte Hafen der Welt. Die vor allem um den Hafen angesiedelte Industrie ist bedeutend. Dazu trägt nicht nur der Ölhafen Europoort bei. Den Namen erhielt die Stadt nach dem Fluß Rotte, der durch einen Damm abgesperrt wurde. 1283 erstmals erwähnt, erhielt Rotterdam zweimal Stadtrechte, 1299 und 1340. Großen Aufschwung nahm die Stadt im 17. Jahrhundert. Von 1635 – 1656 war sie Stapelplatz der Merchant Adventures. Von Rotterdam aus segelten auch die Pilgrim-Vaders erst nach England und von dort weiter nach Amerika (1.8.1620). Die Eroberung durch die Franzosen, die Kontinentalsperre und vor allem die Versandung der Brieler Maasmündung, lie-

ßen den Schiffsverkehr fast zum Erliegen kommen. Erst der 1866 – 1872 angelegte Nieuwe Waterweg brachte Rotterdam eine zweite Blüte.
Am 10. Mai 1940 versank Rotterdam im Bombenhagel der deutschen Luftwaffe in Schutt und Asche. Die Trümmer, Wahrzeichen des Wahnsinns, ließen ahnen, was noch folgte. Damit nicht genug, sprengten die Deutschen 1944 auch noch die Hafenanlagen. Sofort nach 1945 begannen die Niederländer mit dem Wiederaufbau der Stadt nach den Plänen des Städtebauers und Architekten van Traa. Lange Jahre Vorbild, leidet Rotterdam heute an der Krankheit vieler Städte: an der Verödung der Innenstadt nach Büro- und Geschäftsschluß. *Kralingen* im Osten, das alte *Delfshaven* im Westen und das durch den Maastunnel (1942) und eine Metro mit Rotterdam verbundene *Feijenoord* im Maasbogen, sind Vororte. Ein äußerer Kranz wird gebildet durch *Overschie* im Nordwesten, *Hillegersberg* im Norden, *Ijsselmonde* im Osten und durch das durch den Benelux-Tunnel angeschlossene *Pernis* im Südwesten. *Rozenburg, Maassluis, Vlaardingen* und *Schiedam* gehören als Wirtschaftsgebiete zu Rotterdam, *Spijkenisse, Hoogvliet* und *Poortugaal* als Wohnstädte. *Hoek van Holland* ist eine Exklave der Gemeinde Rotterdam. Von hier aus fahren regelmäßig Fährschiffe nach Großbritannien.

## Rotterdam / **Sehenswürdigkeiten**
Rotterdam dürfte in erster Linie für Stadtplaner, Architekten und Liebhaber moderner Baukunst interessant sein. Alte Bausubstanz findet sich noch in *Delfshaven*, das von den Bomben verschont blieb. Delfshaven ist Geburtsstadt des niederländischen Seehelden und Admirals Piet Hein. Sein Denkmal steht im Zentrum. Der *Atlas van Stolk*, Albrechtskolk 12 (ehemaliges Rathaus), beherbergt eine der wichtigsten Sammlungen von Drucken, Flugblättern und Zeichnungen, die die Geschichte der Niederlande dokumentieren. Die Geschichte Rotterdams und seines Hafens wird anschaulich dargestellt im Historischen Museum *De Dubbele Palmboom,* Voorhaven 12, geöffnet Dienstag bis Samstag von 10 – 17 Uhr, an Sonn-und Feiertagen von 11 – 17 Uhr. Das *Großhandelsgebäude* (Groothandelsgebouw) in unmittelbarer Nähe des Hauptbahnhofs und direkt gegenüber das Bouwcentrum. Eines der bedeutendsten Bauten des Funktionalismus ist die *Van-Nelle-Fabriek.* Das Gebäude braucht einen Vergleich mit den Werken von Gropius nicht zu scheuen. *Das weiße Haus* (het witte huis), der erste Wolkenkratzer der Niederlande, befindet sich in Wijnhaven/Gelderse Kade. Er wurde in den Jahren 1897-98 errichtet. *Euromast,* Parkade; der Turm ist 185 m hoch und bietet bei gutem Wetter einen herrlichen Rundumblick. Am Willemsplein befindet sich die Ablegestelle für Hafenrundfahrten. Die *Schleuse von Haringvliet*. Mit dem Schiff vom Willemsplein aus zu erreichen. Rotterdam verfügt über zahlreiche Grünanlagen und das Naherholungsgebiet *Kralinger Wald.* Ein Tiergarten mit Freigehege, der *Blijdorf-Zoo*, liegt an der van Aerssenlaan 49.

## Rotterdam / **Museen**
*Boymans van Beuningen Museum*, Mathenesserlaan 18-20, geöffnet Dienstag bis Samstag von 10 – 17 Uhr, an Sonntagen von 11 – 17 Uhr, Tel. 0 10/36 05 00; Gemälde von Klee, Rubens, Kandinsky, Dali, Rembrandt und anderen. Die *alte Zinngießerei* im *Zakkendragershuis*, Voorstraat 13-15, geöffnet von Dienstag bis Samstag von 10 – 17 Uhr und sonntags von 11 – 17 Uhr, Tel. 0 10/77 26 64. Im Leuvehaven ankert das Museumsschiff *Buffel*, ein gepanzertes Rammturmschiff aus dem Jahre 1806. Zu besichtigen von Dienstag bis Samstag von 10 – 17 Uhr, an Sonn- und Feiertagen von 11 – 17 Uhr. *Museum für Land- und Volkskunde*, Willemskade 25, geöffnet von Dienstag bis Samstag von 10 – 17 Uhr, an Sonn- und Feiertagen von 11 – 17 Uhr; Sammlung von Kunst- und Gebrauchsgegenständen außereuropäischer Völker. *Steuermuseum*, Parklaan 14, zeigt die Entwicklung der Steuer, die Methoden der Steuereinnahmen und Schmuggelgeräte. *St. Laurenskerk*, Keizerstraat – nur der Turm überstand den Bombenüberfall – ist Grabstätte vieler niederländischer Seehelden und erhielt 1968 ein Werk des italienischen Bildhauers G. Manzù, das Tor des Friedens und des Krieges. Vor der Kirche steht eine Statue des Erasmus von Rotterdam, dessen Bücher und Schriften auch heute noch lesenswert sind, z.B. seine Schrift über gutes Benehmen.

## Rotterdam / **Praktische Informationen**
**Ärztliche Versorgung:** Ein Krankenhaus befindet sich in der Nähe des Museum-Parks, am schnellsten zu erreichen über die Rochussenstraat. Weitere am Hilledijk und am Vaanweg, unmittelbar am Zuiderpark.
**Autovermietung:** Avis, Tel. 0 10/33 22 33. A.A.A. Roadster b.v., Tel. 0 10/14 81 00.
**Bademöglichkeiten:** Von Rotterdam aus erreicht man in wenigen Autominuten Scheveningen oder die Badeorte auf Schouwen-Duiveland.
**Einkaufen:** im Geschäftszentrum Lijnbaan-Collsingel. Fußgängerzone. Parkmöglichkeiten gibt es an der Parklaan und Groenendaal, in der Nähe des Oostplein.
**Essen und Trinken:** Zur besten Adresse gehört „La Vilette", Westblaak 160, Tel. 0 10/14 86 92. Indonesisches Restaurant „Gadjak Mada", Meent 72, Tel. 0 10/14 84 87; hier gibt es angeblich eine der besten Reistafeln in den Niederlanden. Alles unter einem Dach bietet das „Chinees Restaurant – dancing – nachtclub Ocean Paradise", Parkhaven (direkt am Fuß des Euromast), Tel. 0 10/36 17 50 oder 36 17 02. Griechisch essen kann man im „Epidaurus", Coolsingel 233, Tel. 0 10/14 75 01. Ungarisch im Restaurant „Czardas Taveerne", Goudesingel 342a, Tel. 0 10/33 44 18 oder 55 61 58. Restaurant „Marie Antoinette", Hofplein/Coolsingel, Tel. 0 10/33 35 95, und Auberge „Marie Louise", Bergweg 64, Tel. 0 10/67 19 19, bieten Französisches à la carte mit romantischem Ambiente. Besonders preiswert: „De Weerhaan", Gerad Scholtenstraat

128, geöffnet von Montag bis Freitag von 18.30 – 19.30 Uhr. „De Bolk", Jan Bijloostraat 25-27, geöffnet täglich von 12 – 21 Uhr. Trinken: „'t Bierwinkelje", Westewagenstraat 58, gemischtes Publikum. „Big Ben", Stadthuisplein 2; im Sommer kann man draußen auf einer großen Terrasse sitzen. Sehr touristisch. „Mac Gregor Bar" im Hilton-Hotel, Weena 10.

**Nachtleben:** Rotterdam ist Hafenstadt. Entsprechend ist das Angebot. Gute Auskünfte geben die Tageszeitungen unter der Rubrik „clubs". Striptease findet man im „Elamra", Hartmanstraat 22-26 und im „Granada" auf dem Schiedamse Singel, Tel. 0 10/12 91 73. Reinschauen kann man auch ins „Tabaris", Schiedamse-Vesthof 21 und ins „Cinderella", Mathenesserweg 15. Discos: Discoteek Rio, Karel Doormanstraat 26, Tel. 0 10/33 38 39, Freitag, Samstag und Sonntag „Live Music" von 10 – 5 Uhr in der Früh. Bar-Bistro Restaurant Scala-Bodega, Kruiskade 28, Tel. 0 10/14 32 73. „Heavy", 'S-Gravendijk 131, Tel. 0 10/76 36 05; für Leute, die Rock lieben. Wer mehr auf Reggae steht, geht in „The incrowd", Couvernestraat 93, Tel. 0 10/36 27 83. Vornehm zu geht es in der Disco des Hilton Hotels. Ohne Schlips kein Tanz und auch kein Schwips. Kruiskade 11, Tel. 0 10/14 40 44. Jugendliche oder Junggebliebene können es im „Voom-Voom", Lijnbaan 116, versuchen.

**Theater/Kinos:** „De Doelen", Schouwburgplein 50, Tel. 0 10/14 29 11. „Piccolo-Theater", van Oldenbarneveldstraat 99, Tel. 0 10/12 31 42. „De Eendracht", Mauritsstraat 113, Tel. 14 44 67. Kinos: Lantaren/Venster, Gouvernestraat 133, Tel. 0 10/4 36 49 98; Rotterdamse Filmliga, De Unie, Mauritsweg 35, Tel. 0 10/4 14 16 66. Viele Veranstaltungen finden in der Messe- und Sporthalle Ahoy statt.

**Unterkunft:** „Hilton", Weena 10, Tel. 0 10/41 40 44, „Rijnhotel", Schouwburgplein 1, Tel. 0 10/4 33 38 00. Das Hotel „Hilton" und das „Rijnhotel" bieten allen Komfort, allerdings zu einem hohen Preis. Im „Hilton" kostet ein Einzelzimmer 215 HFL pro Nacht. Steigt man im „Rijnhotel" ab, spart man ungefähr die Hälfte. „Baan Bondshotel", Rochussenstraat 345, Tel. 0 10/77 05 55; nur 26 Betten und mit 45 HFL für ein Einzelzimmer preiswert. Genauso preiswert ist das Hotel „Holland", Provenierssingel 7, Tel. 0 10/65 31 00. Besonders preiswert· „Sleep-in", Mauritsweg 29, Tel. 0 10/14 32 56. Nur von Anfang Juni bis Ende August. Oder „Jeugdhotel Remise", Nieuwe Binnenweg 13 a, Tel. 0 10/36 03 19. Camping: Rotterdam, Kanaalweg 84, Tel. 0 10/15 97 72; nur rund 0,3 km von Rotterdam entfernt. Privatunterkünfte über VVV.

**Verkehrsverbindungen:** Bahn-, Schiff- und Flugverbindung. Flugplatz Zestienhoven. Inlandflüge und angrenzende Länder. AERO CharterRAS Taxi en Chartervluchten, Postbus 12051, Tel. 0 10/37 81 22. Busse, Bahnen und Metro verkehren regelmäßig. Taxis findet man am Bahnhof und an belebten Plätzen.

**Wichtige Adressen und Telefonnummern:** Notruf, Tel. 4 90.
Ambulanz: Tel. 13 50 00.
Feuer, Tel. 99.

ANWB, Tel. 14 00 00 (Westblaak 210).
Post, Coolsingel 42, Tel. 0 10/4 54 39 11.
Polizei, Haagse Veer 23, Tel. 0 10/4 14 31 44.
Sonstiges: Holland-Festival (internationale Lyrik) und Film International. Auskunft über genaue Termine beim VVV oder den Fremdenverkehrsbüros in Köln, Wien und Zürich. „Toy-Toy" Museum (altes mechanisches Spielzeug), Groene Wetering 41, geöffnet Montag bis Freitag und Sonntag von 11 – 16 Uhr.

**Schecks** → *Geld*

# Scheveningen

Scheveningen ist der größte und war auch mal der mondänste Badeort der Niederlande. Hauptattraktionen und Wahrzeichen sind der Pier und das Kurhaus mit Spielcasino. Im *Museum Oud Scheveningen* bekommt man einen guten Überblick über die Vergangenheit des ehemaligen Fischerdorfes, Neptunisstraat 92. Das *Meeresbiologische Museum* (Zeeaquarium), Dr. Lelykade 39, Tel. 0 70/50 25 28, ist von Montag bis Samstag in der Zeit von 10 – 17 Uhr und Sonntag von 13 – 17 Uhr geöffnet. Nicht nur für Kinder interessant ist *Madurodam*, eine Miniaturstadt im Maßstab 1:25, Haringkade 175.
**Unterkunft:** „Steigenberger Hotel Kurhaus Scheveningen", Gevers Deynootplein 30, Tel. 0 70/52 00 52.
**Essen und Trinken:** „La Coquille", Restaurant des Kurhauses, Gevers Deynootplein 30, Tel. 0 70/52 00 52 Von 10 – 18 Uhr geöffnet ist das größte Selbstbedienungsrestaurant der Niederlande an der Promenade.
**Sonstiges:** Spielcasino im Kurhaus. Das Casino ist das ganze Jahr über von 14 bis 2 Uhr geöffnet. Ausnahme der 4. Mai. Jugendliche unter 18 Jahren haben keinen Zutritt, und auf korrekte Kleidung wird Wert gelegt. Wer nur einmal das Glück versuchen will, kauft eine Tageskarte für 7,50 HFL. Es gibt aber auch Monats- und Jahreskarten. Beim Eintritt wird der Ausweis kontrolliert.
Jedes Jahr Ende Juli findet in Scheveningen das „North-Sea Jazzfestival" statt, und zwar von Freitag bis Sonntag. Auskunft über den VVV.
Das Hallenbad „Golfbad" befindet sich nur einen Steinwurf vom Kurhaus entfernt. Ein Wellenbad mit gleichbleibender Temperatur von °C.
Das VVV-Büro für Scheveningen befindet sich auf der Zwolsestraat 30, Tel. 0 70/5 46 20.
In Wassenaar, ebenfalls zu Den Haag gehörend, befindet sich ein Tierpark, Rijsstraatweg 667. Und in Rijswijk, südöstlich von Den Haag, liegen die beiden Vergnügungsviertel Drievliet und Duinrell.

# Schiermonnikoog
Man erreicht die Insel mit der Fähre von Lauersoog. Autos dürfen nicht mitgenommen werden, und auf der ganzen Insel gibt es nur einen Ort: Schiermonni-

koog, früher Oosterburen. Es gibt fünf Hotels, einen Campingplatz, eine Jugendherberge, einige Pensionen und sehr viel Natur. Die Insel ist 14 km lang und 4 km breit. Den Namen verdankt die Insel Oog den grauen Mönchen (schiere Monniken) des Zisterzienserklosters Klaarkamp bei Rinsumageest, die hier eine Niederlassung hatten. Schiermonnikoog hat zwei Leuchttürme, von denen einer heute als Wasserturm genutzt wird. Ein kleines Museum mit Strandfunden und einem Dünen-Diorama und das Naturschutzgebiet Kobbeduinen. Nördlich des Dorfes gibt es einen kleinen Tannenwald.
**Unterkunft:** „Hotel Duinzicht", Tel. 0 51 95/2 18. „Hotel van der Werff", Tel. 0 51 95/2 03. Jugendherberge „Rijsbergen", Knupeldam 2, NL-9166 PW Schiermonnikoog, Tel. 0 51 95/2 57; geöffnet vom 1.3. – 1.11. Camping: „Seedune", Seeduneweg 1, NL-9166 RX Schiermonnikoog, Tel. 0 51 95/13 98; auf dem Platz sind nur Zelte erlaubt, und Jugendliche, die alleine reisen, haben keinen Zutritt.
**Wichtige Adressen:** VVV, Reeweg 5, NL-9166 PW Schiermonnikoog, Tel. 0 51 95/2 33.

# Schiffsverbindungen

Amsterdam und Rotterdam sind Welthäfen mit Verbindungen zur ganzen Welt. Auskünfte über Abfahrhafen, Zielhafen, Ablegezeiten etc. für Reisen nach England oder Übersee erhält man beim Reisebüro. Regelmäßige Fährverbindungen gibt es zu den niederländischen Inseln.
Den Helder – Texel: Juli und August jede halbe Stunde; in den übrigen Monaten stündlich. Keine Reservierung für Autos möglich. Unter Umständen sehr lange Wartezeiten (Tel. 00 31/22 26-4 41).
Holwerd – Ameland: Reservierung für Autos erforderlich (Tel. 00 31/51 91-61 11), 5mal täglich.
Harlingen – Terschelling: Reservierung für Autos erforderlich (Tel. 00 31/56 20-61 11), 3mal täglich.
Harlingen – Vlieland: keine Autos, 3mal täglich.
Lauwersoog – Schiermonnikoog: keine Autos, 4mal täglich.
Vlissingen – Breskens: Auto- und Personenfähre, keine Reservierung erforderlich. Verkehrt jede halbe Stunde.
Kruiningen – Perkpolder: verkehrt jede halbe Stunde.
Zijpe – Anna Jacoba Polder: Reservierung für Autos nicht erforderlich. Verkehrt jede halbe Stunde.
Enkhuizen – Urk: Reservierung für Autos erforderlich (Tel. 00 31/51 30-27 03), 3mal täglich.
Enkhuizen – Medemblik: nur Personen, 2mal täglich.

## Sehenswürdigkeiten

Kirchen, Schlösser und Museen. Werke menschlicher Willenskraft, wie die Polder, und riesige technische Anlagen, wie die Abschlußdeiche. Technische Bauten existieren einträchtig neben kleinen, uralten Dörfern, die das Gefühl vermitteln, die Zeit sei stehengeblieben. Die Hektik und Betriebsamkeit großer Städte geht fast nahtlos über in unberührte Heidelandschaften, Dünen und Wälder.
→ in den jeweiligen Städten.

**'s-Gravenhage** → *Den Haag*

## Sluis

Sluis ist ein kleines Städtchen mit etwa 4000 Einwohnern in Zeeland. Im Mittelalter war Sluis Vorhafen von Brügge bis zur Versandung des Lamminsvliet, einem schiffbaren Meeresarm, der die Stadt mit dem Meer verband. Was der 80-jährige Krieg nicht geschafft hat, nämlich die Festung Sluis zu zerstören, schafften Bomben und Granaten des 2. Weltkrieges. Nicht nur die beiden Hauptkirchen, auch viele Häuser fielen ihnen zum Opfer. Stehengeblieben ist der mächtige *Belfried*, ein Symbol der freien Bürgerschaft und einmalig in seiner Art für die Niederlande.

Was in Belgien verboten ist und bestraft wird, ist in den Niederlanden erlaubt: Sexshops und alle Formen des Sex. Von ersteren hat Sluis mehr als genug, nicht gerade jedes zweite Geschäft, aber für den kleinen Ort zu viele. Und die belgischen Nachbarn – aber nicht nur sie – decken sich hier reichlich ein. Der Einkauf im Sexshop wird zum Familienausflug mit Kind und Oma und Opa.

Die Mühle „de Brak" ist in den Sommermonaten freigegeben zur Besichtigung. Von oben hat man einen schönen Blick bis Cadzand. Abrunden kann man den Gang durch Sluis mit einem Spaziergang über die Wälle. Dort steht ein Denkmal für van Dale, den niederländischen Duden, Herausgeber und Verfasser des Wörterbuchs der niederländischen Sprache.

### Sluis / **Praktische Informationen**

**Bademöglichkeiten:** am Strand von Bad Cadzand oder im Freibad, geöffnet von Mai bis September, am Kanal Sluis-Brügge.

**Einkaufen:** Grote Markt, Nieuwstraat.

**Essen und Trinken:** „Lindenhoeve", Beestenmarkt 4. „Oud Sluis", Beestenmarkt 2. „Provencal", Kade 42. „De Schaapskooi", Zuiderbruggeweg 23 in Heille, etwa 5 km südöstlich. „De witte Koksmuts", Kanaalweg 8 in Retranchement, etwa 6 km nordöstlich. Alle genannten Restaurants sind gut und preiswert.

**Unterkunft:** „Hotel Provencal", Kade 42, NL-4524 CK Sluis, Tel. 0 11 78/12 24. Das Hotel liegt im Ort und bietet ein Einzelzimmer ab 40 HFL an. Wer hier länger wohnen will, bezahlt einen Vollpensionspreis von 60 HFL für eine und 85 HFL für zwei Personen.

Camping: „De Meidoorn", Hoogstraat 68, NL-4524 LA Sluis, Tel. 0 11 78/16 62. In Aardenburg, südöstlich von Sluis, liegt das Naherholungsgebiet „De Elderschans", Heerendreef 65, NL-4527 AZ Aardenburg, Tel. 0 11 77/12 93. Zelte und Wohnwagen stehen getrennt.
**Verkehrsverbindungen:** Anreise über Belgien oder die A 58 Bergen op Zoom–Vlissingen. Fähre Vlissingen–Breskens. Bahnhöfe in Brügge oder Vlissingen. Sluis ist offene Grenzstadt zu Belgien.
**Wichtige Adressen:** VVV, Grote Markt 1, NL-4524 CD Sluis, Tel. 0 11 78/12 00.
Sonstiges: Das in einem alten Bauernhof untergebrachte Museum in Heille zeigt historische landwirtschaftliche Geräte.
Nördlich von Sluis liegt der Ort Retranchement, eine gut erhaltene Festung, die zum Schutz gegen die Spanier im Jahre 1604 erbaut wurde und einen Besuch wert ist.

# Sneek

Sneek mit rund 25 000 Einwohnern, ist das größte Wassersportzentrum der Provinz Friesland und liegt an einem See gleichen Namens. Durch Wasserwege ist die Stadt mit allen anderen Seen Frieslands verbunden, wie Langweerdermeer, Koevordermeer, Slotermeer, Heegermeer im Süden der Stadt und Pikmeer, Wijde Ee, Smalle Ee, De Leijen und Bergumer Meer im Norden.
1294 erhielt Sneek Stadtrechte und war bereits im 15. Jahrhundert der wichtigste Marktplatz des südlichen Frieslands mit eigener Münzpräge. Jedes Jahr am 1. Samstag im August findet die Sneeker-Woche statt, eine Regatta, auf der auch die Skütsjessilen, die alten, sehr imposanten Lastsegler, mitsegeln.
Sehenswert ist die *St. Martinskerk* mit einer Sakristei aus dem 13. Jahrhundert. An der Marktstraat steht das *Rathaus*, dessen Fassade im Rokokostil für Friesland eine Seltenheit darstellt. Das Gebäude ist zu besichtigen von Montag bis Freitag von 9–12 Uhr und 14-16 Uhr. *Waterpoort* im Süden der Stadt aus dem Jahr 1613. Das Tor war die Durchfahrt durch die ehemalige Festungsmauer.
*Friese Scheepvaartmuseum*, Kleinzand 12, geöffnet Dienstag bis Samstag von 10 – 12 Uhr und 13.30 – 17 Uhr; zeigt vor allem Schiffsmodelle und Gemälde.

### Sneek / **Praktische Informationen**
**Ärztliche Versorgung:** Krankenhaus, Dr. Boumaweg.
**Autovermietung:** interRent, Bolswarderweg 13, NL-6801 XV Sneek, Tel. 0 51 50/1 50 00.
**Bademöglichkeiten:** Bademöglichkeiten bieten die vielen Seen um Sneek, die schnell zu erreichenden Strände der Nordsee und das Freibad Burg de Hooppark.
**Einkaufen:** Markt, Peperstraat und Oude Koemarkt und Umgebung.

**Essen und Trinken:** Das Essen ist sehr gut in der „Haenenburg", Wijde Noorderhorne 2. „Van de Wal", Leeuwenburg 5, und „Onder de Linden", Marktstraat 30, bieten Gerichte ab 25 HFL.

**Unterkunft:** „Wijde Noorderhorne 2, NL-8601 EB Sneek, Tel. 0 51 50/1 25 70; eigentlich ein gutes Restaurant, das aber auch 12 Zimmer vermietet. Ein Zweipersonenzimmer kostet um die 100 HFL. Jugendherberge „Wilegdam", Oude Oppenhuizerweg 20, Tel. 0 51 50/1 21 32, geöffnet von Anfang April bis Ende November.

Camping: „De Potten", De Potten 35, NL-8626 GD Offingawier, Tel. 0 51 50/1 52 05; nahe beim Sneekermeer.

**Verkehrsverbindungen:** Anschluß an die Autobahn A 7. Bahnstation. Öffentlicher Nahverkehr.

**Wichtige Adressen:** Polizei, Kruizebroederstraat 2, Tel. 0 51 50/1 30 00.

Post, Westsingel 28, Tel. 0 51 50/1 26 22.

VVV, Wijde Noorderhornestraat 6, NL-8601 EB Sneek, Tel. 0 51 50/1 40 96.

Sonstiges: Der VVV gibt Auskunft darüber, wo man ein Boot mieten kann, mit dem man auf den friesischen Seen und Kanälen fahren kann. Für Menschen, die Friesland erst entdecken möchten, werden auch Karten und Routenvorschläge bereit gehalten.

# Sport

Außer alpinem Ski wird in den Niederlanden jede Sportart ausgeübt. Das Angebot, auch für Touristen, ist vielseitig. Und das gilt nicht nur für Wassersportarten.

**Angeln:** Für diese Sportart bieten Meer, Flüsse und Seen mehr als genug Gelegenheit. Auf dem Meer gibt es keine Schonzeit. Hier ist das ganze Jahr Saison. Von einigen Orten an der Küste werden spezielle Angelfahrten veranstaltet. Auskunft beim örtlichen VV. Auf Binnenseen und Flüssen muß man sich an Schonzeiten halten. Sie gelten vom 16.3. (Flüsse und Kanäle 1.4.) bis 31.5. und von einer Stunde vor Sonnenaufgang bis eine Stunde nach Sonnenuntergang. Angelscheine und kleine Fischkarten (6 bzw. 12 HFL) erhält man auf allen Postämtern. Wer keine eigene Ausrüstung besitzt, kann sich eine leihen. Auskunft: VVV und NNVS (Nederlandse Verenigin van Sportvissersfederaties), van Persijnstraat 25, Amersfoort, Tel. 0 33/3 49 24.

**Tennis:** Tennisplätze oder -hallen findet man vor allem in den größeren Ortschaften, in den Städten und in fast allen Ferienorten. Auch viele Campingplätze verfügen über Tennisplätze. Schläger können geliehen werden.

**Segeln:** Eigentlich braucht dazu nicht viel gesagt zu werden. Man kann das eigene Boot mitnehmen oder eines ausleihen. Der Preis richtet sich nach der Größe des Bootes und liegt zwischen 75 und 200 HFL pro Tag oder 250 bis 700 HFL pro Woche. Segelschulen gibt es eine Vielzahl. (→ *in den jeweiligen Städten* „Sonstiges".) Auskunft über kombinierte Segelkurse-Urlaube geben die örtlichen VVV's.

## Sport

**Surfen:** Im Grunde gilt für das Surfen, was auch für das Segeln gilt. Mit einer Ausnahme: Wer kein eigenes Brett hat, kann sich eines leihen und kommt bedeutend billiger weg. Ungefähr 10 bis 20 HFL kostet das Brett pro Tag.

**Windsurfen:** Vom Klima her ein ideales Land, um diesen Sport auszuüben. Wer es lernen will, erhält Auskunft bei: Secretariaat NeVep, Mardyk 11, NL-8581 KG Elahuizen oder Secretariaat I.W.S., Postfach 470, NL-7600 AL Almelo.

**Skifahren:** Die Niederlande sind zwar kein ausgesprochenes Wintersportland, aber Skilanglauf im Dreiländereck bei Aachen ist schon drin. Vorausgesetzt es gibt Schnee.

**Reiten:** Eine auch in den Niederlanden beliebte Sportart. Viele Ferienorte verfügen über Reitställe, bei denen man reiten lernen oder sich auch ein Pferd (Ausritt meist in Gruppen) leihen kann. Auskunft erteilen die Büros des VVV.

**Wandern:** Wandern ist eine Art niederländischer Nationalsport. Wer über eine gute Kondition verfügt, kann an den „4-Tagen" von Apeldoorn (Mitte Juli) oder den „5-Tagen" von Nijmegen (Ende Juli) teilnehmen. Auskunft: VVV-Apeldoorn, VVV-Nijmegen oder die niederländischen Touristenbüros. Aber auch der Einzelwanderer findet in den zahlreichen Wäldern und Naturparks oder am Strand Platz und Raum für seinen Sport. Verlaufen kann man sich nicht. Bunte Pfähle markieren die ausgezeichneten Pfade.

**Wasserski** → *Segeln und Surfen.*

**Tauchen:** Auskunft über Möglichkeiten gibt der Nederlandse Onderwatersportbond, Nassaustraat 12, NL-3583 XG Utrecht, Tel. 0 30/51 70 14.

**Schwimmen:** Wer lieber im Schwimmbad als im Meer badet, findet in jedem größeren Ort, auf vielen Campingplätzen, in Bungalowparks und in Erholungszentren bewachte Seebäder, Freibäder oder beheizte Hallenbäder. Für Freibäder ist die Saison von Mitte Mai (hängt auch vom Wetter ab) bis Mitte September.

**Schlittschuhlaufen:** Es gibt ungefähr 20 Kunsteislaufbahnen in den Niederlanden. Auskunft über alles, was mit diesem Sport zusammenhängt, gibt der Koninklijke Nederlandse Schaatsenrijdersbond, Stadsring 103, NL-3800 BC Amersfoort, Tel. 0 33/62 17 84.

Wer meint, gut auf Schlittschuhen zu sein, der kann, vorausgesetzt es hat tüchtig gefroren, die 11-Städte-Tour mitfahren. Die Strecke ist 199 km lang, und es nehmen ca. 17 000 Schlittschuhläufer teil. Aber schon das Zuschauen lohnt sich. Zu sehen sind uralte Schlitten, Trachten und ca. 1 Mio. Menschen.

**Golf:** Es gibt ungefähr 30 Golfclubs und ebensoviele Plätze. Auf den Clubplätzen können auch Mitglieder ausländischer Clubs spielen, unter Umständen auch Nichtmitglieder. Auskünfte erteilt die Nederlandse Golf Federatie, Soesdijkerstraatweg 172 in Hilversum, Tel. 0 35/83 05 65.

**Segelfliegen:** Es gibt einige Clubs in den Niederlanden. Auskunft bei der Koninklijke Nederlandse Vereniging voor Luchtvaart. Nationaal Zweefvliegcentrum Terlet, Apeldoornseweg 203, NL-6816 SM Arnhem, Tel. 0 85/51 45 15.

**Kegeln:** Daß Kegeln und Bowling keine deutschen Domänen sind, beweisen rund 150 Zentren mit automatischen Bahnen. Mietpreis pro Stunde zwischen 20 und 30 HFL. Auskünfte über: Nederlandse Bowling Federatie, Postbus, NL-5601 JR Eindhoven, Tel. 0 40/55 15 00. Und Koninklijke Nederlandse Kegelbond, Buurerstraat 39, NL-7481 EG Haaksbergen, Tel. 0 54 27/17 72.

# Sprache

Die Schrift- und Hochsprache der Niederlande und der nördlichen und westlichen Hälfte Belgiens ist das ABN (Algemeen Beschaafd Nederlands). Niederländisch wird weltweit von ca. 20 Millionen Menschen gesprochen. Das niederländische Alphabet hat 27 Buchstaben. Abweichend vom Deutschen werden gesprochen:

c wie se
g wie das deutsche ch in Krach
j wie je
q wie kü
u wie ü (kus – der Kuß – gesprochen küs)
v wie ve z. B. im Anklang wie in Vase
z wie zet, wie im deutschen Rose
Andere Lautverbindungen:

Die niederländischen Doppellaute:
ij wie äi
eu wie ö
eu wie äi
oe wie u (Roermond – „Rurmond")
ou wie au (vrouw – vrau(w)
au wie au
ui, gesprochen wie öi, also zwischen eu und au

tie wie in statiegeld (Pfand) stazie-, station (Bahnhof) stazion.

Die Niederländer selbst sind ein polyglottes Volk. Die meisten sprechen deutsch, englisch und/oder französisch. Sprachschwierigkeiten erwarten den Reisenden kaum. Sprachkurse bieten Volkshochschule und private Sprachschulen. Für das Selbststudium empfehlen sich nach wie vor: „Langenscheidts Praktisches Lehrbuch Niederländisch" und Entjes/Ebeling, „Kan niet verstaan", Groningen.

# Strände

Die Niederlande verfügen über ungefähr 200 km Strand, die landeinwärts meist durch Dünen abgegrenzt sind. Der Sand besteht aus feinem Quarz und Muschelgries. Das Wasser des Meeres wird periodisch von Amtsärzten überwacht und kontrolliert. Im Norden ist das Wasser etwas sauberer als im Süden. Das liegt vor allem an den großen Hafenstädten Antwerpen und Rotterdam und auch an der Industrieanballung im Gebiet der Scheldemündung. Vom hygienischen Standpunkt aus gesehen gibt es jedoch keine Bedenken. Wer mit offenen Augen über den Strand von Cadzand Bad geht, kann, wenn er Glück hat, prähistorische Haifischzähne finden. Die großen Badeorte der niederländischen Küste sind: Scheveningen, Zandvoort, Katwijk, Noordwijk, Castricum, Bergen aan Zee und Egmond aan Zee.

## Stromspannung

220 Volt Wechselstrom. Wer eigene Geräte mit einem Schukostecker mitnimmt, sollte für alle Fälle einen Adapter im Gepäck haben, da noch nicht alle Steckdosen in den Niederlanden, vor allem nicht in Privatunterkünften, umgestellt sind. Flachstecker passen überall.

## Telefonieren

Die Staaten Westeuropas sowie die meisten Länder der Welt sind von den Niederlanden im Selbstwähldienst telefonisch zu erreichen. Es gibt kaum einen Haushalt, der kein Telefon hat. Ferngespräche ins Ausland sind auch von öffentlichen Telefonzellen aus möglich. Einwurf 0,25 HFL, bei neueren Apparaten auch 2,50 HFL. Die Auskunft erreicht man unter der Nummer 00 18. Für Auslandsgespräche gilt: Geld einwerfen – Hörer abnehmen – für Ausland 09 wählen – Freizeichen abwarten – Landeskennzahl – Vorwahl – Teilnehmernummer. Landeskennzahlen für die Bundesrepublik 49, für Österreich 43 und für die Schweiz 41. Beispiel einer Rufnummer in der Bundesrepublik: 09-49-221/ 12 30 88. Die 0 der Vorwahl wird nicht mitgewählt. Ruf vom Ausland in die Niederlande: Landesvorwahl 00 31-, dann weiter wie oben beschrieben. Bei Ferngesprächen innerhalb des Landes muß die Vorwahl, z.B. für Amsterdam 0 20, gewählt werden.
→ Post

## Terneuzen

Die Hafenstadt Terneuzen liegt an der 140 m langen Mündungsschleuse des Kanals Gent–Terneuzen in der Westerschelde. Die Stadt mit über 30.000 Einwohnern ist Freihafen der belgischen Stadt Gent. Von hier aus verkehren Fähren nach Zuid-Bevoland. 1984 ist die Stadt 400 Jahre alt geworden. In der Nähe der Stadt steht ein riesiges Chemiewerk eines internationalen Konzerns. Sehenswert sind die Hafenanlagen, an denen Schiffe bis zu 60 000 Bruttoregistertonnen gelöscht werden. Terneuzen ist auch der Geburtsort von Willem van der Decken, der Titelfigur von Wagners Oper „Der fliegende Holländer". Ein kleines Gemeentemuseum befindet sich auf der Burg.

### Terneuzen / **Praktische Informationen**
**Autovermietung:** Anfragen für Hertz, AMZ Travel Agent in Goes, Tel. 0 11 00/ 2 35 00. Für interRent, Tel. 0 20/17 76 66.
**Bademöglichkeiten:** Westerschelde oder Nordseebäder.
**Einkaufen:** Innenstadt.
**Essen und Trinken:** Sehr gut, aber nicht billig, ist das Essen in „De Milliano", Noteneeweg 28.
**Kino:** Zuidlandtheater, Zuidlandstraat 11.

**Unterkunft:** „L'Escaut", Scheldekade 65, NL-4531 EJ Terneuzen, Tel. 0 11 50/ 9 48 55; ein kleines Hotel mit 14 Zimmern, sehr gepflegt. Das Einzelzimmer kostet mit Frühstück am Bett 75 HFL.
Camping: Etwas südwestlich von Terneuzen „Braakman", Middenweg 1, NL-4542 PN Hoek, Tel. 0 11 52/17 30; direkt am Braakmansee.
**Anreise** über Belgien: Antwerpen–Gent–Sas van Gent oder Antwerpen Richtung Gent bis Sint-Niklaas, Grenzübergang Hulst. Oder über die A 58 Breda–Bergen op Zoom-Vlissingen und mit der Fähre übersetzen nach Breskens.
**Wichtige Adressen:** Polizei, Rozengracht 15, Tel. 0 11 50/9 41 51.
Post, Alvarezlaan 1, Tel. 0 11 50/1 77 55.
VVV, Burg. Geilstraat 2, NL-4531 EB Terneuzen, Tel. 0 11 50/9 59 76.

# Terschelling

Terschelling erreicht man mit der Fähre von Harlingen. Die 30 km lange und etwa 4 km breite Insel war bereits im 6. Jahrhundert bewohnt. Es gab erbitterte Kämpfe zwischen Friesland und Holland um die Herrschaft über die Insel. Die Inselbewohner leben und arbeiten in den Orten West-Terschelling, Midsland, Formerum, Lies, Hoorn und Oosterend. De Boschplaat im Norden der Insel ist ein Naturschutzgebiet und darf während der Brutzeit nur mit einer schriftlichen Genehmigung betreten werden. Zu den Sehenswürdigkeiten der Insel gehören *Het Behouden Huis*, ein Heimatmuseum mit einer Sammlung über Walfischfang, alte Terschellinger Trachten und Volkskunst. Das *Naturhistorische Museum* ist mit einem Meeresaquarium verbunden. Alles Genannte befindet sich in West-Terschelling, wie auch der *Leuchtturm Brandaris*, der älteste in den Niederlanden. Er kann bestiegen werden.
Sport: neben Reiten, Tennis und Minigolf, Angeln vom Boot aus, Kutschfahrten. Das Johannesfest in der letzten Juniwoche wird auf Terschelling besonders gefeiert.
Auskunft, Information und Zimmerreservierung: VVV, Willem Barentzake 19a, NL-8880 AA-West-Terschelling, Tel. 00 31/(0)56 20/30 00.
**Unterkunft:** *in West-Terschelling*: „Hotel Paal 8", Tel. 0 56 20/88 05. „Hotel Europa", Tel. 0 56 20/22 41. „Hotel Oepkes", Tel. 0 56 20/20 05. Jugendherberge, Burgermeester van Heusdenweg 39, NL-8881 EE West-Terschelling, Tel. 0 65 20/23 38, geöffnet vom 1.3. bis 1.11. Camping: „Cnossen", Hoofdweg 8, NL-8881 HA West-Terschelling, Tel. 0 56 20/23 21. *In Midsland:* „Hotel Noordzeestrand", Tel. 0 56 20/86 29. *In Lies:* „Hotel De Walisvaarder", Tel. 0 56 20/ 85 77. *In Kaart:* „Hotel De Horper Wielen", Tel. 0 56 20/82 00. Camping: „De Kooi", NL-8882 HC Hee (Terschelling), Tel. 0 56 20/27 43. „Nieuw Formerum", NL-8894 KA Formerum, Tel. 0 56 20/89·77. „De Steinzerd", Oosterend 63, NL-8897 HX Oosterend-Terschelling, Tel. 0 56 20/88 61.

## Texel

Texel (gesprochen Tessel) gehört zur Provinz Noordholland. Auf die Insel kommt man mit der Fähre von Den Helder (→ *Den Helder*) aus. Die Insel hat ungefähr 11 000 Einwohner und sieben größere Orte. Hauptort ist Den Burg. Die Insel ist 25 km lang und ca. 10 km breit. Noch vor knapp 2000 Jahren bildete sie mit Ameland und Wieringen ein Ganzes. Bereits vor 1200 gehörte sie den Grafen von Holland. 1411 wurde ihr das Stadtrecht verliehen. Texel war wichtiger Ankerplatz für Schiffe, die von Amsterdam zu den Kolonien ausliefen.

**Museen:** *Heimatmuseum Den Burg*, Kogerstraat 1, geöffnet April bis Oktober Dienstag bis Samstag von 9 – 12 Uhr, von Mai bis September Montag bis Freitag von 9 – 12 Uhr. *Schiffahrtsmuseum De Hoorn,* Diek II, geöffnet Dienstag bis Samstag von 13.30 – 17 Uhr. *Naturhistorisches Museum De Koog,* Ruyslaan 92, geöffnet Montag bis Samstag von 9 – 17 Uhr.

### Texel / **Praktische Informationen**

**Ärztliche Versorgung:** Es gibt genügend Ärzte auf der Insel. Für schwere, lebensbedrohende Fälle steht ein Rettungshubschrauber zur Verfügung.

**Bademöglichkeiten:** Auf Texel gibt es zwei FKK-Strände bei Den Hoorn und De Slufter (→ *FKK*).

**Einkaufen:** in den Geschäften der Ortschaften und auf den Märkten (Auskunft VVV).

**Essen und Trinken:** In jedem Ort gibt es verschiedene Restaurants, Frittenbuden und Cafés. Auch in den meisten größeren Hotels kann man essen.

**Unterkunft:** Den Hoorn: „Hotel Op Diek", Tel. 0 22 26/2 62. Camping: „Loodsmansduin", Tel. 0 22 26/2 03.

In *Oosterend*, „Hotel Prins Hendrik", Tel. 0 22 26/8 01.

In *De Cocksdorp*, „'t Anker", Tel. 0 22 22/2 74. „De Posthoorn", Tel. 0 22 22/3 69. Camping: „De Krim", Krimweg 13, NL-1795 LP de Cocksdorp, Tel. 0 22 22/2 75. „Robbenjager", Vuurtorenweg 146, NL-1795 LN de Cocksdorp, Tel. 0 22 22/2 58. „De Sluftervallei", Krimweg 102, NL-1795 LS de Cocksdorp, Tel. 0 22 22/2 14.

*De Koog:* „Hotel Opduin", Tel. 0 22 28/4 45. „De Branding", Tel. 0 22 28/2 33. „De Zwaluw", Tel. 0 22 28/3 29. „Zeerust", Tel. 0 22 28/2 61. „'t Jachthuis, Tel. 0 22 28/7 58. Camping: „De Luwe Boshoek", Kampferfolieweg 3, NL-1796 MT De Koog, Tel. 0 22 28/3 90. „Euroasecamping De Turkse Tent", Bosrandweg 395, NL-1796 ND De Koog, Tel. 0 22 28/2 90.

*Den Burg:* „Bos en Duin", Tel. 0 22 20/55 41. „Den Burg", Tel. 0 22 20/21 06. Jugendherberge Panorama, Schansweg 7, NL 1791 LK Den Burg, Tel. 0 22 20/21 97. „De Eyercoogh", Pontweg 106, NL-1791 Den Burg, Tel. 0 22 20/29 07.

**Wichtige Adressen:** VVV, Groeneplaats 9, NL-1791 CC Den Burg, Tel. 0 22 20/28 44.

VVV, Dorpstraat, Den Koog, Tel. 0 22 28/5 41.
VVV, Den Hoorn, Tel. 0 22 26/2 73.
VVV De Cocksdorp, Tel. 0 22 22/2 33.
Nur der VVV in Den Burg ist das ganze Jahr über erreichbar. Der VVV vermittelt Privatadressen und Vermieter von Bungalows in den Bungalowparks. Er nennt Ärzte, Termine, Veranstaltungen und verkauft Karten.
Sonstiges: Angeln kann jeder ohne Angelschein in der gesamten Nordsee. Überall auf der Insel können Fahrräder ausgeliehen werden.
In Eierlande befindet sich ein kleiner Flughafen, wo man das Segelfliegen oder Fallschirmspringen erlernen kann.
Südlich von Den Koog ist das Naturreservat mit Seehundstation und einer Vogelklinik. Auf der Insel kann fast jede Sportart betrieben werden. Auskunft gibt der VVV.
De Waal hat ein kleines Bauernwagenmuseum.
Volksfeste finden auf Texel Pfingstsamstag, am 30.4., am 11.11. und 12.12. statt. Wer die Insel per Auto, Fahrrad oder Pferd durchstreifen möchte, braucht nur den blauen, dreieckigen Schildern zu folgen.

**Theater** → *Unterhaltung*

# Tiere

Wer Hund oder Katze mit in die Niederlande nehmen möchte, braucht dazu einen Impfpaß. Die Impfung gegen Tollwut muß mit einem im Herkunftsland zugelassenen Serum erfolgen und vom Amtsarzt beglaubigt werden. Die Bescheinigung muß weiter enthalten: den Namen des Impfstoffherstellers, die Chargennummer, die Art und das Verfallsdatum des verwendeten Impfstoffes, Namen und Anschrift des Tierhalters, Beschreibung des Tieres nach Rasse, Geschlecht, Alter und Zeichnung des Fells, Zeitpunkt der Impfung und Verfalldatum des Zeugnisses. Anerkannt wird bei Hunden nach Anwendung von inaktivem Impfstoff – auch für Katzen geeignet – ein einjähriger Impfschutz. Bei Hunden und Katzen, die jünger als drei Monate sind, gilt ein 6-monatiger Impfschutz. Die Impfung muß mindestens 30 Tage vor der Einreise erfolgt sein. Einen internationalen Impfpaß erhält man beim Tierarzt.

# Tilburg

Tilburg ist Verkehrsknotenpunkt und Hafen am Wilhelminakanal. Die Stadt mit rund 152.000 Einwohnern ist Mittelpunkt des niederländischen Katholizismus und eine wichtige Textilstadt der Niederlande. Tilburg liegt auf halber Strecke zwischen Breda und Eindhoven. Stadtrechte erhielt Tilburg erst im Jahre 1809. 1831 war die Stadt Hauptquartier von Kronprinz Willem (der spätere Willem II.) bei seinem Feldzug gegen Belgien.

*Tilburg* 105

**Museen:** *Nederlands Textilmuseum,* Gasthuisring 23, Dienstag bis Freitag von 10–17 Uhr und Sonntag von 12–17 Uhr; Dokumentation der Geschichte der Textilherstellung. *Niederländisches Völkerkundliches Missionsmuseum,* Kloosterstraat 24. *Schrift- und Schreibmaschinenmuseum,* Gasthuisring 54.

## Tilburg / Praktische Informationen
**Ärztliche Versorgung:** Krankenhaus, Rueckertbaan.
**Autovermietung:** A.A.A. Roadster b.v., Tel. 0 13/ 36 85 64.
**Bademöglichkeiten:** Hallenbäder am Wagnerplein und Ringbaan-West. Freibäder Ringbaan Oost, Zouavenlaan und im Erholungsgebiet Beekse Bergen.
**Einkaufen:** am besten auf der Heuvelstraat.
**Essen und Trinken:** „Gouden Zwaan", Monumentenstraat 6, ist Montag geschlossen und bietet Gerichte ab 37 HFL. „Lotus", Heuvel 49 (chinesisch). „Boschlust", Tilburgseweg 193; Terrasse und Garten.
**Theater/Kino:** Theater an der Kloosterstraat (Parkplatz direkt gegenüber). Kino: Filmhuis, Louis Bouwmeesterplein 1, Tel. 0 13/36 20 33; Harmonie 1 en 2, Stationsstraat 28, Tel. 0 13/42 25 43.
**Unterkunft:** „e Lindeboom", Heuvelring 126, NL-5038 CL Tilburg, Tel. 0 13/ 35 13 55. Das Restaurant zum Hotel ist bis 1 Uhr geöffnet. „Heuvelpoort und Restaurant Riche", Heuvelpoort 300, NL-5038 DT Tilburg, Tel. 0 13/35 46 75; bietet komfortable Zimmer der gehobenen Preisklasse (Einzelzimmer 95 HFL). Eine Jugendherberge gibt es südlich von Tilburg in Hilvarenbeek: Jugendherberge „De Hilver", Koestraat 21, Tel. 0 42 55/14 19. Camping: Beekse Bergen", NL-5881 NJ Hilvarenbeek, Tel. 0 13/35 77 25. „De Kempenzoom", Kruisedseweg 31, NL-5091 TC Middelbeers, Tel. 0 42 44/12 91.
**Verkehrsverbindungen:** Anschluß an die Autobahn A 58. Bahnstation. Öffentlicher Nahverkehr. Flughafen in Eindhoven.
**Wichtige Adressen:** Polizei, Noordhoekring 186, Tel. 0 13/43 84 38.
Post, Spoorlaan 21, Tel. 0 13/39 69 11, direkt am Bahnhof.
VVV, Spoorlaan 416a, NL-5038 CG Tilburg, Tel. 0 13/35 11 35.
Sonstiges: Nordöstlich von Tilburg bei Waalwijk liegt *Drunen,* direkt nördlich der Loonse en Drunense Duinen. In Drunen findet man das „Lips Autotron" mit 400 Oldtimern, von denen 250 ständig ausgestellt sind. Filme und Diavorträge rund ums Auto, eine Oldtimerbahn für Kinder und eine Verkehrsbahn mit Tretautos runden das Angebot des größten Oldtimermuseums Europas ab. Geöffnet von April bis Juni dienstags bis freitags von 10–17 Uhr, samstags und sonntags von 11–17 Uhr. Juli und August, Dienstag bis Freitag von 10–18 Uhr. Im September gelten die gleichen Zeiten wie von April bis Juni. Oktober bis März nur Samstag und Sonntag von 11–17 Uhr. Bei *Katsheuvel,* nördlich von Tilburg, liegt der wohl bekannteste Freizeitpark der Niederlande: „De Efteling". Er bietet die größte Schaukel der Welt, Geisterschloß, Freibäder, Filmtheater mit der größten Leinwand Europas, mehrere Restaurants, kostenlose Parkplätze und viele, viele At-

traktionen; geöffnet von Ostersonntag bis zum 1. Sonntag im Oktober täglich von 10 – 18 Uhr. Tel. 0 41 67/8 05 05. *Freilichtmuseum Oisterwijk,* ca. eine Viertelstunde Autofahrt nördlich von Tilburg; Vogel- und Affenpark und einige Töpfereien. In der Nähe des Erholungsparks „De Beekse Bergen" bei Hilvarenbeek gibt es noch einen Safaripark mit über 600 Tieren, geöffnet das ganze Jahr über. Im Sommer von 10 – 18 Uhr und im Winter von 10 – 15.30 Uhr.

## Touristeninformation

In der *Bundesrepublik Deutschland:* Niederländisches Büro für Tourismus, Laurenzplatz 1-3, 5000 Köln 1, Tel. 02 21/23 62 62. Niederländische Eisenbahnen, Schildergasse 84, 5000 Köln 1, Tel. 02 21/21 62 94.
Für *Österreich:* Niederländisches Büro für Tourismus, Kärntnerstr. 12/Kupferschmiedgasse 2, A-1040 Wien, Tel. 02 22/52 35 25.
Für die *Schweiz:* Niederländisches Büro für Tourismus, Talstraße 70, CH-8023 Zürich, Tel. 01/2 11 94 82.
Nationaal Bureau voor Toerisme, Bezuidenhoutseweg 2, Den Haag, Tel. 0 70/81 41 91. Wer gezielt über einen Ort etwas wissen will, schreibt an: VVV, Name des Ortes, Niederlande. Das reicht. Anschriften und Telefonnummern der Provinzialen VVV's (geordnet nach Alphabet): Drenthe: VVV, Postbus 95, NL-9400 AB Assen, Tel. 00 31/59 20/1 43 24. Flevoland: VVV, Postbus 548, NL-8200 AM Lelystad, Tel. 00 31/32 0/4 34 44. Friesland: VVV, Stationsplein 1, NL-8911 AC Leeuwarden, Tel. 00 31/58/13 22 24. Gelderland: VVV, Postbus 988, NL-6800 AZ Arnhem, Tel. 00 31/85/51 37 13. Groningen: VVV, Grote Markt 23, NL-9712 HR Groningen, Tel. 00 31/50/1 37 00. Limburg: Postbus 811, NL-6300 AV Valkenburg, Tel. 00 31/44 06/1 39 93. Noord-Brabant: VVV, Postbus 3399, NL-4800 DJ Breda, Tel. 00 31/76/22 57 33. Noord-Holland: VVV, Postbus 3901, NL-1001 AS Amsterdam, Tel. 00 31/20/26 64 44. Overijssel: VVV, De Werf 1, NL-7607 HH Almelo, Tel. 00 31/54 90/1 87 65. Utrecht: VVV, Vredenburg 90, NL-3511 BD Utrecht, Tel. 00 31/30/31 41 32. Zeeland: VVV, Postbus 123, NL-4330 AC Middelburg, Tel. 00 31/11 80/3 30 51. Zuid-Holland: VVV, Markt 85, NL-2611 GS Delft, Tel. 00 31/15/12 61 00. ANWB (Koninklijke Nederlandse Toeristenbond; eigentlich: Algemene Nederlandse Wielrijdersbond), Wassenaarseweg 220, Den Haag, Tel. 00 31/70/26 44 26. Verkehrsberichte über Telefon: 00 31/0 70/31 31 31. Ruft man in den Niederlanden selbst an, entfällt bei den letzten Nummern die Landeskennzahl 00 31 und vor die Ortsvorwahl muß noch eine 0.

**Trinken** → *Essen und Trinken*

## Unterhaltung

Das Angebot reicht vom „roten Bezirk" in Amsterdam über Disco, Kabarett (sehr gut, aber nur für diejenigen, die sehr gut Niederländisch sprechen), bis hin zum

„anspruchsvollen" Theater. Auf jeden Fall wird jeder auf seine Kosten kommen. In den Niederlanden gibt es ungefähr 20 professionelle Theatergesellschaften, die pro Jahr ca. 4500 Vorstellungen geben. Die Anzahl der freien Theatergruppen läßt sich nicht zählen. Das gesamte Theatergeschehen wird vom Theaterinstitut in Amsterdam dokumentiert. Weitere Informationen über Theater: Raamwerk (Verband niederländischer Theater) Nederlands Impresariaat, Paulus Potterstraat 12, NL-1071 CZ Amsterdam, Tel. 0 20/76 25 15.

## Unterkunft

Der Tourismus ist zwar nicht der bedeutendste Wirtschaftszweig der Niederlande, aber ein immer wichtiger. Entsprechend gut sind auch die Unterkünfte. Das Angebot an Hotels, Ferienwohnungen und/oder -häusern ist optimal. Jugendlichen stehen rund 50 Jugendherbergen zur Verfügung, und für Leute, die noch billiger reisen wollen, gibt es in in vielen Städten „Sleep-in's". Bei Ferienwohnungen und -häusern empfiehlt sich eine frühzeitige Reservierung für die Sommermonate, für einige Bungalowparks auch für Pfingsten. In den Wintermonaten gibt es in der Regel keine Schwierigkeiten. Informationen: Der örtliche VVV schickt Adressen von privaten Vermietern, Häusern, Wohnungen, Bungalowparks und Hotels. Für ein Luxushotel zahlt man für Einzelzimmer mit Frühstück (höchster Komfort) ca. 180 bis 280 HFL; für ein Doppelzimmer 220 bis 320 HFL. Ein Einzelzimmer in einem einfachen Hotel kostet zwischen 35 und 50 HFL; ein Doppelzimmer zwischen 50 und 100 HFL. In Amsterdam gibt es noch Hotels mit Mehrbettzimmer. Ferienhäuser kosten in der Saison je nach Ausstattung zwischen 400 und 1400 HFL pro Woche. Wohnungen sind etwas billiger, zwischen 200 und 500 HFL. In Jugendherbergen müssen 16 HFL bezahlt werden, auf Campingplätzen kostet ein Standplatz für Auto, Zelt oder Caravan und vier Personen zwischen 20 und 30 HFL. Sleep-in's nehmen pro Nacht pro Person 3,50 HFL. Hotelzimmer kann man für die gesamten Niederlande kostenlos reservieren beim Nationalen Reservierungszentrum (NRC), Postfach 3387, NL-1001 AD Amsterdam, Tel. 0 20/21 12 11. Man erhält eine schriftliche Bestätigung. Auch die VVV's unterhalten ein landesweites Reservierungssystem. Bei ihnen ist die Reservierung jedoch nur am Schalter möglich. Das ist gut für Reisende, die nicht lange an einem Ort bleiben, aber abends kein Hotel mehr suchen wollen. Für Jugendherbergen ist die NJHC (Stichting Nederlandse Jeugdherbergcentrale) zuständig, Professor-Tulp-Plein 4, NL-1018 GX Amsterdam, Tel. 0 20/26 44 33. Sleep-in's sind von Mitte April bis Ende August geöffnet. Auskunft erhält man in der Rozengracht 180, im Zentrum von Amsterdam, Tel. 0 20/23 58 71. Auskünfte über Campingplätze erteilen neben VVV und ANWB das Niederländische Büro für Tourismus in Köln, Wien und Zürich und die Automobilclubs.
Eine Übernachtung mit Frühstück auf den Hotelbooten am Amsterdamer Hauptbahnhof kostet 15 – 35 HFL.

# Utrecht

Utrecht ist Hauptstadt der Provinz Utrecht und viertgrößte Stadt der Niederlande mit rund 250.000 Einwohnern. Utrecht liegt 16 m über dem Meeresspiegel am Rheindeltaarm Kromme Rijn und am Merwedekanal–Amsterdam–Rheinkanal. Bedingt durch seine Lage ist die Stadt Mittelpunkt des Straßen- und Eisenbahnnetzes. Utrecht ist Sitz der staatlichen Eisenbahnverwaltung, der Königlich Niederländischen Messe, der Reichsmünze, ist Sitz des Erzbischofs, Universitätsstadt seit 1636 und war früher Wohnsitz des Landadels. Utrecht – Trajectum ad Rhenum – war römischer Standort, später Sitz des Bischofs Willibrod (690 n. Chr.) und im Mittelalter Sitz römisch-deutscher Kaiser und der wichtigste Mittelpunkt des Rheinmündungsgebietes. Stadtrecht besitzt Utrecht seit 1120. 1579 wurde hier die Utrechter Union (Bündnis von Spanien abgefallenen niederländischen Provinzen) geschlossen. Nach 1611 wurde Utrecht vor allem durch einen strengen calvinistischen Charakter geprägt. 1712 beendete der Frieden von Utrecht den spanischen Erbfolgekrieg. 1806 wurde die Stadt Residenz König Ludwig Napoleons. Im 19. und 20. Jahrhundert entwickelte sich die Stadt zu einem bedeutenden Mittelpunkt des Landes.

## Utrecht / **Sehenswürdigkeiten**

Vor allem zahlreiche Kirchen und die Altstadt, Klösterhöfe und die Universität. Der *Domturm* ist 112 m hoch und kann in den Monaten Januar bis April, Mitte September bis Ende Dezember samstags und sonntags von 11.30 – 16 Uhr und von April bis Mitte September täglich von 10.30 – 17 Uhr bestiegen werden.

## Utrecht / **Museen**

*Rijksmuseum Het Catharijneconvent,* Nieuwe Gracht 63, Tel. 0 30/31 38 35, geöffnet Dienstag bis Samstag von 10 – 17 Uhr und Sonntag von 14 – 17 Uhr; Geschichte des Christentums und der christlichen Kultur der Niederlande. Eigentlich drei Museen: das altkatholische Museum, das erzbischöfliche Museum Utrecht und das bischöfliche Museum Haarlem. *Nederlandse Spoorwegenmuseum,* Johan van Oldenbarneveltlaan 6, Tel. 0 30/31 85 14, geöffnet Dienstag bis Samstag von 10 – 17 Uhr und Sonntag von 13 – 17 Uhr. Das Museum ist in einem alten Bahnhof untergebracht und zeigt unter anderem die erste Dampflok, die 1839 zwischen Amsterdam und Haarlem fuhr. *Centraal-Museum,* Agnietenstraat 1, Tel. 0 30/31 55 41, geöffnet Dienstag bis Samstag von 10 – 17 Uhr und Sonntag von 14 – 17 Uhr. Das ehemalige Kloster dient seit 1921 als Stedelijk (städtisches) Museum. Schwerpunkte der Ausstellung sind Utrechter Maler. *Pfeifen-, Tee- und Kaffeekabinett van Douwe Egberts,* Keulsekade 143, Tel. 0 30/9 39 11; zu besichtigen Montag bis Freitag von 10 – 16 Uhr nach Absprache. Das *Münzmuseum,* Leidseweg 20, Tel. 0 30/91 03 42, geöffnet Montag bis Freitag von 10 – 12 und 14 – 16 Uhr. Das *Schröderhaus,* Prins Hendriklaan 50, zählt zu den berühmtesten Baumonumenten des 20. Jahrhunderts und ist das bekannteste Werk der „Stijl"-Bewegung. Für Liebhaber alter Uhren und Orgeln: *Nationales Spieluhren- und Orgelmuseum*, Achter de Dom 12.

## Utrecht / **Praktische Informationen**
**Ärztliche Versorgung:** Utrecht verfügt über ein sehr gutes „Academisch Ziekernhuis" (Universitätsklinik) am Catharijnesingel.
**Autovermietung:** Avis, Tel. 0 30/93 94 33. A.A.A. Roadster b.v., Tel. 0 30/94 13 42.
**Bademöglichkeiten:** Nördlich von Utrecht befinden sich einige Seen, die Loodrechtse plassen, und direkt an der Autobahn nach Amstelveen die Vinkeveense plassen.
**Einkaufen:** Das Einkaufszentrum beginnt am Bahnhof – Hooghcatharijne – und führt weiter in die Altstadt. Märkte: Wochenmarkt ist am Dienstag auf dem Smaragtplein von 10 – 17 Uhr, am Mittwoch auf dem Oppenheimplein von 9 – 13 Uhr und von 10 – 17 Uhr auf der Vredeburg, wie auch am Samstag von 8 – 17 Uhr. Einen speziellen Blumenmarkt gibt es jeden Samstag von 8 – 17 Uhr auf der Vredeburg und von 7 – 17 Uhr auf dem Janskerkhof.
**Essen und Trinken:** „De Poort van Kleef", Mariaplaats 7, Tel. 0 30/31 80 84. „Restaurant Vredenburg", Vredenburg 13, Tel. 0 30/31 00 68. Beide Restaurants bieten ein Touristenmenü ab 16 HFL. „Flora", Lucas Bolwerk 1, bietet Montag bis Freitag von 12 – 21 Uhr und Samstag und Sonntag von 14 – 21 Uhr preiswertes Essen ab 6 HFL, wie auch „De groene Waterman", Springweg 4-6. „Boederij Merenveld", Merenveldseweg 2; gutbürgerliche Küche mit Gerichten ab 12 HFL. „In der Zeesicht", Nobelstraat 2, trifft sich, wer sehen und gesehen werden will (dem Namen der Straße muß Rechnung getragen werden). Für eingefleischte Biertrinker empfiehlt sich ein Besuch in „Den Dreak", Kelders Oudegracht 118-120. Es werden 58 verschiedene Biersorten angeboten, davon 8 vom Faß. Doch eher als Biertrinker kommen hier Whiskyliebhaber im wahrsten Sinne des Wortes zum Zug. Sie haben die Qual der Wahl unter 100 verschiedenen Sorten. Ein echtes holländisches Bierhaus ist das „Bierhuis Primus" in der Jan van Scorelstr. 31. Einer der vielen Studententreffs ist beim „Dikke Dries", Oudkerkhof 36.
**Kino/Theater:** „De Blauwe Zaal", Lucas Bolwerk 24, Tel. 0 30/33 13 43. Schillertheater, Minrebroederstraat 11, 0 30/31 86 70. Tejater Kikker, Janskerkhof 14, Tel. 0 30/31 96 66. Kinos: Catharijne, Radboudkwartier 19, Tel. 0 30/33 44 00; t'Hoogt, Hoogt 4, Tel. 0 30/31 22 16; Camera-Studio, Oudegracht 146, Tel. 0 30/31 77 08/31 52 27.
**Unterkunft:** „Holiday-Inn", Jaarbeursplein 24, Tel. 0 30/9 10 55. Wie überall in den Niederlanden kostet das Einzelzimmer im Holiday Inn 195 HFL. Dafür erwartet einen aber auch Komfort, wie Schwimmbad, Fernseher auf dem Zimmer,

Telefon, Bar und dergleichen. Im „Pays Bas", Janskerkhof 10, Tel. 0 30/ 31 64 24, kostet das Einzelzimmer 98 HFL incl. Frühstück am Bett.
Camping: „De Berekuil", Arienslaan 5-7, Tel. 0 30/71 38 70; von Ouderijn Richtung Hilversum. Privatadressen über den VVV. Jugendherberge Rijnauwen bei Bunnik.
**Verkehrsverbindungen:** Bus, Eisenbahn. Nördlich von Utrecht an der A 27 nach Hilversum am Goois Naturreservat befindet sich ein kleiner Flughafen, ebenso nordöstlich auf dem Weg nach Amersfoort bei Soesterberg. Öffentlicher Nahverkehr regelmäßig, nach Zonen eingeteilt. Taxis am Bahnhof und größeren Plätzen.
**Wichtige Adressen:** Notruf, Tel. 33 33 33.
ANWB, Tel. 91 03 33 (van Vollenhovenlaan 277-279).
Polizei, Paardenveld 1, Tel. 0 30/32 13 21.
Post, Neude 1, Tel. 0 30/95 19 11.
VVV, Vredenburg 90, Tel. 0 30/33 15 44.
Sonstiges: *Kastell De Haar,* Haarzuilen bei Vleuten nordöstlich von Utrecht; ein monumentales, neugotisches Gebäude von P.J.H. Cuypers; geöffnet von Mitte Februar bis Mitte August und Mitte Oktober bis Mitte November Dienstag bis Samstag von 9 – 11.45 Uhr und 13.30 – 16.45 Uhr. An Sonntagen von 13.30 – 16.45 Uhr. Neben dem Rijksmuseum und dem Hauptbahnhof – beide Amsterdam – ist das Schloß eines der bedeutendsten Bauwerke von Cuypers.
Auskunft über Tauchsport: Nederlandse Onderwatersportbond, Nassaustraat 12, NL-3583 XG Utrecht, Tel. 0 30/51 70 14. Segelschulen: Loosdrecht (nördlich von Utrecht), De vier Windstreken, Tel. 0 21 58/33 70.

# Valkenburg

Die kleine Stadt Valkenburg in der Provinz Limburg mit knapp 13 000 Einwohnern ist wohl der meistbesuchte Touristenort der Niederlande. Entstanden ist die Stadt im 11. Jahrhundert am Fuße einer Höhenburg, der einzigen in den Niederlanden. Was die Stadt so anziehend macht, ist neben den vielen Sehenswürdigkeiten und dem Spielcasino (eins von dreien in den Niederlanden) die reizvolle Umgebung vor allem südlich von Valkenburg. Alte Fachwerkhäuser, viele kleine Schlößchen (noch 160 von 270 sind erhalten) und viel, viel Wald zeichnen diese Gegend aus. Karten über Zuid-Limburg verkauft der VVV in Maastricht, aan de kleine Staat 1, Tel. 0 43/25 21 21. Er gibt auch die Abfahrtszeiten für Busse, die die kleinen Orte regelmäßig anfahren, bekannt. Zurück nach Valkenburg: Hier steht der älteste Bahnhof der Niederlande, der 1853 im neugotischen Stil erbaut wurde.

### Valkenburg / **Sehenswürdigkeiten**

Die Ruinen der *Valkenburg,* die 1672 von den Truppen der Generalstaaten gesprengt wurden. Der Aufgang beginnt an der Grendelpoort. Die *Valkenburger*

*Grotte*, oder Gemeentegrot, an der Straße nach Maastricht, in der sich der Wasserspiegel auf unerklärliche Weise hebt und senkt. Die *Lourdesgrot*, einige Meter weiter, ist ein Nachbau der Grotte in Lourdes. Noch etwas weiter, unterhalb des Friedhofs Trichtergrubbe, befindet sich das *Grotten-Aquarium* und am Daelhemerweg die *Fluwelengrot* mit Wandzeichnungen. Die *römischen Katakomben* in der Nähe des Rotspark, eine naturgetreue Nachbildung der Katakomben in Rom. (Valkenburg ist Sitz der niederländischen Jesuitenprovinz.) Auf dem Heunsberg, auf den eine Drahtseilbahn führt, steht der 85 m hohe Turm *Wilhelminatoren*, von dem aus man eine herrliche Aussicht hat. Der *Rotspark*, eine Freizeitanlage mit Freilufttheater und einer Riesenrutschbahn. Der *Märchenwald*, Sibbergrubbe, läßt die Märchenfiguren von Andersen und den Gebrüdern Grimm lebendig werden. Der Märchenpark ist geöffnet von Karsamstag bis Pfingstsamstag täglich von 9 – 18 Uhr, von Pfingstsonntag bis zum 31. August täglich von 9 – 22 Uhr und im September von 9 – 18 Uhr.

## Valkenburg / **Museen**
Das *Modellbergwerk,* Daelhemmerweg 31; die Gänge des künstlichen Bergwerks sind in die weichen Mergelwände geschlagen worden. Bevor es in die Grube geht, wird erst ein Film zur Einführung gezeigt. Die Gänge selbst sind etwa 300 m lang und an der tiefsten Stelle 40 m unter der Erde. Alle Teile sind Originale und stammen aus niederländischen Bergwerken. Das Bergwerk ist von Ostern bis Ende Oktober täglich von 10 – 17 Uhr geöffnet. Außerhalb dieser Zeit muß man sich, wenn man eine Gruppe von 25 Personen ist, einen Führer nehmen, der etwa 20 HFL kostet. Vorherige Anmeldung für Gruppen oder Auskünfte: Tel. 0 44 06/1 24 91.

## Valkenburg / **Praktische Informationen**
**Autovermietung:** Garage Hulsman, Sint Maartenslaan 36 in Maastricht (Hertz), Tel. 0 43/25 19 71.
**Bademöglichkeiten:** Freibad, Prinses Beatrixlaan.
**Einkaufen:** Innenstadt.
**Essen und Trinken:** „Lindenhorst", Broekhem 130; ein sehr angenehmes Restaurant mit hervorragender Küche; nicht ganz billig. „De Fransche Molen", Lindenlaan 32. Zu den besten Restaurants der Niederlande gehört das des Hotels „Prinses Juliana", Broekhem 11.
**Theater:** Theater im Rotspark; über Öffnungszeiten und Veranstaltungen informiert der VVV.
**Unterkunft:** „Prinses Juliana", Broekhem 11, NL-6301 HD Valkenburg, Tel. 0 44 06/1 22 44. Das Hotel hat Tradition und Komfort. Dementsprechend ist der Preis für ein Einzelzimmer ab 150 HFL. „Huize Philips", Koningin Julianalan 1, NL-6301 GT Valkenburg, Tel. 0 44 06/1 27 00. Das Einzelzimmer kostet 40 HFL. Hunde müssen hier leider draußen bleiben.

Camping: „Den Driesch", Heunsbergerweg 1, NL-6301 BN Valkenburg, Tel. 0 44 06/1 20 25; ein gepflegter Platz mit Obstbäumen und einer herrlichen Aussicht. „Europa Camping", Cauberg 29, NL-6301 BT Valkenburg, Tel. 0 44 06/1 30 97. „De Bron", Stoepertweg 5, NL-6301 WP Valkenburg, Tel. 0 44 06/15 39 oder 20 67. „De Linde", Klein Linde 2, NL-6301 AN Valkenburg-Sibbe, Tel. 0 44 06/1 28 66; der Platz liegt bei einem alten limburgischen Bauernhof.
**Verkehrsverbindungen:** Anschluß an die A 76 und A 2. Bahnhof; Züge verkehren 2mal ständlich. Anschluß an Maastricht oder Heerlen nach Roermond. Öffentlicher Busverkehr.
**Wichtige Adressen:** Polizei, Walramplein.
Post, Poststraat.
VVV, Th. Dorrenplein 5, NL-6301 DV Valkenburg, Tel. 0 44 06/1 33 64.
Sonstiges: Spielcasino, Plenkertstraat, geöffnet von 14 – 2 Uhr; gespielt wird Roulette und Black Jack. Korrekte Kleidung ist vorgeschrieben und ein Mindestalter von 18 Jahren erforderlich. Der Ausweis wird verlangt. Es gibt Tages-, Monats- und Jahreskarten.
Vergnügungspark „De Valkenier", das größte Vergnügungszentrum im Süden Hollands, mit Mississippiboot, Cinema 2000, Oldtimerrennbahn, Minicar, Mondrakete, Lachspiegelkabinett, Pferdebahn, doppelter Achterbahn und so weiter. Der Park befindet sich ganz in der Nähe des Casinos am Prinses Beatrixsingel. Der Eintritt beträgt 9,50 HFL. Darin sind alle Attraktionen enthalten, egal wie oft man sie benutzt. Gruppen ab 20 Personen bezahlen 8 HFL, Leute über 65 (die sogenannten 65-Plussers) 3,50 HFL. Öffnungszeiten: vom 5.4. bis 14.4., am 20.4. und 21.4. und vom 27.4. bis 8.9. einschließlich sowie am 14., 15., 21., 22., 28. und 29.9. in der Vor- und Nachsaison täglich von 10 – 18 Uhr und in der Hauptsaison von 10 – 18.30 Uhr.

# Veere
Die ehemalige Festungsstadt am nördlichen Ende des Walcheren Kanals erlebte ihre Blütezeit im 15. Jahrhundert durch den Handel mit Schottland. Zeugnis davon geben die gotischen Schottenhäuser am Jachthafen. Seine Bedeutung als Handelshafen verlor die Stadt während der Unabhängigkeitskriege, seine Bedeutung als Fischereihafen durch die Abtrennung des Veerse Meers von der Nordsee. Auf dem Deich erinnert ein Denkmal an die große Überschwemmung von 1953. Damals gehörte Veere mit zu den überschwemmten Gebieten auf Walcheren.

### Veere / **Sehenswürdigkeiten**
Im Grunde gneommen ist der ganze Ort eine Sehenswürdigkeit. An jeder Ecke entdeckt man etwas Neues. Anschauen sollte man sich das *Rathaus*, eines der bekanntesten gotischen Bauwerke der Niederlande, geöffnet von Juni bis 15.

*Veere* 113

September montags von 14 – 16 Uhr, dienstags von 10 – 12 Uhr und 14 – 16 Uhr, samstags von 10 – 12 Uhr. *Onze Lieve Vrouwekerke*, eine monumentale spätgotische Kreuzbasilika, die, von weither zu sehen, das Stadtbild beherrscht. Der eindrucksvolle Bau ist zu besichtigen von Mitte Mai bis Mitte September von Montag bis Samstag von 10 – 17 Uhr und Sonntag von 13 – 17 Uhr. Sonntags ist leider keine Turmbesteigung möglich, so daß man an diesem Tag auf den herrlichen Weitblick verzichten muß. Das *Brunnenhaus*, südlich der Kirche; in der unterirdischen Zisterne wurde das Regenwasser, das vom Kirchendach floß, aufgefangen. Der *Campveerese toren* aus dem 15. Jahrhundert, in dem Willem von Oranien seine Hochzeit feierte. Teile der alten *Bastion* am Jachthafen am Kaai. In den schottischen Häusern, Kade 25 und 27 (het Lammetje und de Struys) befindet sich ein *Heimatmuseum*, geöffnet Anfang Mai bis Anfang Oktober von Montag bis Samstag von 10 – 12.30 und 13.30 – 17 Uhr. Unter anderem sind hier die Sandsteinfiguren der Rathausfassade ausgestellt.

### Veere / **Praktische Informationen**
**Badesmöglichkeiten:** Veerse Meer, Nordsee.
**Einkaufen:** am Markt. Schräg gegenüber dem Rathaus gibt es ein Antiquitätengeschäft, in dem sich das Suchen lohnt. In einer Seitenstraße hinter der Kirche befindet sich eine Töpferei, die man ohne Kaufzwang besichtigen kann. Wenige Meter um die Ecke ein Geschäft für Freunde der Schmiedeeisenkunst.
**Essen und Trinken:** Außer bei einigen Frittenbuden am Kaai ißt man sehr gut in „D'Oude Werf", Bastion 2. Den schönen Blick von der Terrasse auf den Jachthafen und das Veerse Meer gibt es gratis. „Campveerse Toren", Kade 2, direkt an der Einfahrt zum Jachthafen; ebenfalls ein schöner Blick über das Veerse Meer. „In den Struyskelder", Kade 27. In den Sommermonaten haben die Restaurants und Weinkeller an der Kade draußen Tische und Stühle stehen.
**Unterkunft:** Gut und preiswert – schon ab 37 HFL für ein Einzelzimmer – übernachtet man im „Waepen van Veere", Markt 23, NL-4351 AG Veere, Tel. 0 11 81/2 31. Camping: „De Oude Scheepslantaarn", Sluisweg 1, NL-4351 RJ Veere, Tel. 0 11 81/4 29.
**Verkehrsverbindungen:** Anschluß an die Autobahn in Middelburg. Busverbindung mit Middelburg. Dort Anschluß an den Zugverkehr.
**Wichtige Adressen:** Post, an der Kade.
VVV, Markt 21, NL-4351 AG Veere, Tel. 0 11 81/3 65 für die Monate September bis Mai. Für Juni bis August: VVV, Oudestraat 28, NL-4351 AV Veere, Tel. 0 11 81/3 65. Schriftliche Anfragen können natürlich an eine der beiden Adressen gerichtet werden.
Sonstiges: Segelschule „Het Veerse Gat". Schiffsrundfahrten über das Veerse Meer. Der VVV gibt Auskunft darüber, wo man sich ein Segelboot leihen kann. Da das Veerse Meer durch die Abtrennung von den der Nordsee keinen nen-

nenswerten Wellengang hat, ist es ein Paradies für Surfer. Unterhalb des Damms bei Vrouwenpolder campieren dann auch am Wochenende (wild) Hunderte von Anhängern dieser Sportart. Über den Damm erreicht man Noord-Bevoland mit dem Ort *Kamperland*. Essen und übernachten kann man hier im „Kamperdduin", Patrijzenlaan 1, NL-4493 RA Kamperland, Tel. 0 11 07/14 66. Das Hotel liegt am Eingang des Bungalowparks „De Banjaard", der das ganze Jahr über geöffnet ist. Vermietungen unter anderem über Verhuurkantoor van Halst, Voorstraat 35, NL-4491 EV Wissenskerke, Tel. 0 11 07/15 26. Camping: „De Molenhoek", Molenweg 69a, NL-4493 NC Kamperland, Tel. 0 11 07/12 02. „Anna Frisco", Strandhoekweg 1, NL-4493 CX Kamperland, Tel. 0 11 07/12 36. „De Schotsman", Schotsmanweg 1, NL-4493 CX Kamperland, Tel. 0 11 07/ 17 51; der Platz liegt am Veerse Meer, direkt neben dem Surfcentrum. „De Roompot", Mariapolderweg 1, NL-4493 ZG Kamperland, Tel. 0 11 07/15 55, nordwestlich von Wissenskerke.

Kamperland hat einen sehr schönen und breiten Strand. Leider wird das Bild einer unberührten Naturlandschaft etwas gestört durch die riesigen Dammanlagen. *Kortgene*, *Kats* und *Colijnsplaat* sind weitere Badeorte auf Noord-Bevoland. Colijnsplaat lebt vom Krabbenfang und liegt am Fuß der Zeelandbrücke, die Noord-Bevoland mit Schouwen-Duiveland verbindet. Autofahrer müssen eine Maut bezahlen, die jedoch nicht allzu hoch ist.

Gut essen kann man in Kortgene im „Waardin", Hoofdstraat 35. Über Unterkünfte aus Noord-Bevoland, egal welcher Art, gibt der VVV in Middelburg gerne Auskunft.

# Venlo

Venlo, Stadt an der Maas, Grenzort zu Nordrhein-Westfalen mit rund 61 000 Einwohnern, ist vor allem bekannt durch Gemüse- und Obstanbau und Geflügelzucht. Auf den großen Eier- und Gemüseversteigerungen werden riesige Mengen für den Export in das Ruhrgebiet aufgekauft. Die ehemals römische Siedlung war vor allem im 13. und 14. Jahrhundert ein bedeutender Stapelhandelsplatz und gehörte zur Grafschaft, später Herzogtum, Geldern. 1343 erhielt Venlo Stadtrechte. Die Stadt kam erst nach den spanischen Erbfolgekriegen 1715 zu den Generalstaaten, war von 1794 – 1815 französisch, kam von 1830 – 1839 unter belgische Verwaltung und erst Ende 1839 wieder an die Niederlande. Im 2. Weltkrieg war Venlo hart umkämpft und wurde durch Luftangriffe stark zerstört. Sehenswert sind die *Martinuskerk*, Grote Kerkstraat, ein spätgotischer Hallenbau, und das *Renaissance-Rathaus*.

## Venlo / **Museen**

*Museum van Bommel – van Dam*, Deken van Oppensingel 8, Tel. 0 77/1 34 57; Sammlung moderner niederländischer Malerei; geöffnet von Dienstag bis Frei-

*Venlo* 115

tag von 10 – 12 Uhr und 14 – 17 Uhr, an Samstagen und Sonntagen von 14 – 17 Uhr. *Goltziusmuseum*, Goltziusstraat 2, Tel. 0 77/4 29 83, geöffnet Dienstag bis Freitag von 10 – 12 Uhr und 14 – 17 Uhr; römische Funde, Münzen, Silber.
In Overloon, ca. 25 km nordwestlich von Venlo, kann man das *Kriegs- und Widerstandsmuseum* besuchen, geöffnet von Mai bis September täglich von 9 – 18 Uhr.


## Venlo / **Praktische Informationen**
**Ärztliche Versorgung:** Das Krankenhaus liegt am Tegelseweg.
**Autovermietung:** interRent, Roermondsestraat 53, NL-5912 AJ Venlo, Tel. 0 77/4 86 66.
**Bademöglichkeiten:** zwei Hallenbäder: Drie Decembersingel und Emmastraat.
**Einkaufen:** in der Innenstadt. Besonders an deutschen Feiertagen sehr überlaufen. Obst, Gemüse (Spargel) und Geflügel kann man auch direkt beim Erzeuger in unmittelbarer Umgebung der Stadt kaufen.
**Essen und Trinken:** „Grill Bar 't Kadertje", Kleine Kerkstraat 12, und „De Koel", Kaldenkerkerweg 182a, bieten Touristenmenüs ab 16 HFL. „Valuas", St. Urbanusweg 9, Tel. 0 77/4 11 41; schöne Terrasse mit Blick auf die Maas und teuer, Gerichte à la carte ab 59 HFL. Geschlossen vom 15.7. bis 2.8. „La Mangerie", Nieuwstraat 58, Tel. 0 77/1 79 93; bietet für 2 Gulden weniger eine wirklich gute Küche.
**Theater/Kino:** Cultuurcentrum, Gasthuisstraat. Kino: OCC Zienema, Heutzstraat 1 – 3, Tel. 0 77/1 68 74.
**Unterkunft:** „Bovenste Molen", Bovenste Molenweg 12, NL-5912 TV Venlo, Tel. 0 77/5 83 93; ist mit 125 HFL das teuerste Haus am Platz, bietet aber jeden Komfort. Für ein Drittel übernachtet man im „Stationshotel", Keulsepoort 14, Tel. 0 77/1 82 30.
Camping: „De onderste Molen", Onderste Molenweg 96, NL-5912 TW Venlo, Tel. 0 77/1 13 61; südlich von Venlo. „Recreatieoord Maalbeek Befeld", Maalbeekerweg 25, NL-5951 NS Belfeld, Tel. 0 47 05/13 26; südlich von Venlo. „De Heldense Bossen", Heldense Bossen 6, NL-5988 NH Helden, Tel. 0 47 60/24 76; südwestlich von Venlo. Hier kann man Wohnwagen mieten. Der Platz ist das ganze Jahr über geöffnet. Einen Farbprospekt und eine Preisliste gibt es auf Anfrage.
**Verkehrsverbindungen:** regelmäßige Zugverbindungen mit Anschluß an alle wichtigen Städte. Busverbindungen zu kleineren Orten. Busbahnhof vor dem Bahnhof. Taxistand.
**Wichtige Adressen:** Polizei, Rijnbeekstraat 10, Tel. 0 77/4 99 44.
Post, Keulsepoort 1, Tel. 0 77/1 34 44.
VVV, Koninginnenplein 2, NL-5911 BX Venlo, Tel. 0 77/4 38 00.

Sonstiges: Jachthaven an der Maas. Die Reederei „Het Veerhuis" in Neer hat Boote für Rundfahrten.

## Venray

Zur Stadt Venray gehören zehn Gemeinden, die insgesamt ca. 35 000 Einwohner haben. An der spätgotischen St. Petrus Banden Kerk ist noch der Skulpturenschmuck zu sehen, der an anderen Orten dem Bildersturm zum Opfer gefallen ist.

Museum: *De Freulekeshuus*, Eindstraat 8, geöffnet von Dienstag bis Freitag von 10 – 12 und 14 – 17 Uhr, Sonntag von 14 – 17 Uhr.

### Venray / **Praktische Informationen**
**Autovermietung:** Leunseweg 47a, Tel. 04 78/8 56 96 (Hertz).
**Bademöglichkeiten:** Naherholungspark Bosserheide, nordöstlich von Venray.
**Einkaufen:** Auf dem Markt kann man Produkte frisch vom Erzeuger kaufen.
**Unterkunft:** „Zwaan", Grote Markt 2a, NL-5801 BL Venray, Tel. 0 47 80/18 09; das einzige Hotel am Ort, das man empfehlen kann.
Camping: „Camping en Rekreatiepark de Oude Barrier", Maasheseweg 93, NL-5817 AA Smakt-Venray, Tel. 0 47 80/8 23 05 oder 8 42 26. Ein Campingplatz mit der ANWB-Klassifizierung ist der „Recreatiepark Leukermeer", De Kamp 5, NL-5855 EG Well, Tel. 0 47 83/24 44. Er liegt etwas nordöstlich von Venray. Hier findet man alles, Heide, Wald und Wasser. Zu erreichen über die N 271 von Venlo nach Nijmegen.
**Verkehrsverbindungen:** regelmäßiger Busverkehr mit Venlo. Von dort Anschluß an das Eisenbahnnetz und Anschluß an das Autobahnnetz in Venlo oder Boxmeer.
**Wichtige Adressen:** Polizei, Leuseweg 4, Tel. 0 48 80/8 48 88.
Post, Paterstraat 1, Tel. 0 47 80/8 70 70.
VVV, Grote Markt 23, NL-5801 BL Venray, Tel. 0 47 80/1 05 05.
Sonstiges: In Geysteren, nordöstlich von Venray (ungefähr 6 km), gibt es einen 18-Loch-Golfplatz, Tel. 0 47 84/18 09. Noch etwas weiter befindet sich der Naherholungspark Bosserheide.

## Verhalten

Niederländer sind freundlich, sehr tolerant und bescheiden. Vor allem Bundesbürger sollten vermeiden, damit zu prahlen, daß „bei uns alles größer, schneller und höher ist". Immer noch gibt es den Spruch: „Ich und mein Bruder Heinrich und noch zwei starke, große Männer haben einen schwachen Holländer zusammengeschlagen". Ein noch größerer Fehler ist es, auch im angeheiterten Zustand, von einem großdeutschen Reich zu phantasieren. Spätestens hier hört dann auch die sprichwörtliche Toleranz der Niederländer auf.

## Verkehr
Verkehrsschilder sind einheitlich in der EG. Gelbe Bordsteine bedeuten Halte- und Parkverbot. An die vorgeschriebenen Höchstgeschwindigkeit sollte man sich halten. Die niederländische Polizei kontrolliert sie auf Autobahnen in ganz normalen PKW's. Die Strafmandate sind hoch. Autobahnen sind durch ein rotes Schild mit weißer Aufschrift, z.B. A 2, Europastraßen durch ein grünes Schild mit weißer Aufschrift gekennzeichnet.

## Versicherungen
Schutzbrief eines Automobilclubs, private Haftpflicht- sowie Haftpflichtversicherung für Auto und Boot (über 16 km/h) reichen aus. Wer länger bleibt, sollte sich einen Auslandskrankenschein seiner Krankenkasse besorgen.

**Visum** → *Dokumente*

## Vlieland
Westfriesische Insel mit knapp 1100 Einwohnern. Die Insel ist ungefähr 20 km lang und 2,5 km breit. Man fährt mit der Fähre von Harlingen, vorbei an Riechel nach Oost-Vlieland. Autos dürfen nicht auf die Insel. Sie können in einer Garage oder auf einem Parkplatz in Harlingen abgestellt werden. Die Überfahrt mit der Fähre dauert etwa eineinhalb Stunden. Sehenswert ist die ganze Insel, denn sie ist ein einziger großer Strand. Nur einige wenige Stellen sind bewaldet. Ein Ort, der sich an der Südspitze der Insel befand, ist Opfer des Meeres geworden. Ein *Naturhistorisches Museum* gibt Einblick in Tier- und Pflanzenwelt von Vlieland. Das *Museum Tromphuys* zeigt skandinavische Volkskunst.
**Unterkunft:** „Hotel Bruin", Tel. 0 56 21/3 01. „Hotel „Beatrix", Tel. 0 56 21/3 70. „De Wadden", Tel. 0 56 21/2 98. Camping: „Stortemelk", Kampweg 1, NL-8899 BX Vlieland, Tel. 0 56 21/2 25.
**Wichtige Adressen:** VVV, Havenweg 10, NL-8899 ZN Vlieland, Tel. 0 56 21/3 57.
Sonstiges: Alle Sportarten, Reiten, Angeln – auch vom Boot aus auf dem Meer. Fahrradverleih. Tennisplatz, Minigolf. Am 2.11. und 5.12. finden auf Vlieland Volksfeste statt.

## Vlissingen
Vlissingen ist vor Middelburg die größte Stadt Walcherens mit rund 45 000 Einwohnern. Von hier aus fahren Fähren nach England und Breskens in Zeeuws-Vlaanderen. Vlissingen ist der Geburtsort des Admirals Michiel de Ruyter und hatte als Kriegshafen im 16. und 17. Jahrhundert große Bedeutung. Napoleon baute Vlissingen weiter zur Festung aus. So beherrschte die Stadt zusammen mit dem Fort Breskens die Zufahrt über die Westerschelde nach Antwerpen.

Sehenswert sind die im 16. Jahrhundert zu Hallenkirche erweiterte *Jacobskerk* aus dem 14. Jahrhundert und die Festung *Rammekens*, östlich von Vlissingen bei Ritthem, die zum Schutz der Fahrrinne zum Middelburger Hafen gebaut wurde. Im *Gevangentoren* am Boulevard de Ruyter befindet sich heute ein Restaurant. *Stedelijk* (städtisches) *Museum*, Bellamy Park 19, geöffnet Dienstag bis Freitag von 10 – 17 Uhr, Samstag und Sonntag von 14 – 17 Uhr, in den Monaten Juni bis September, in den Monaten September bis Juni, Dienstag bis Freitag von 10 – 12.30 und 13.30 – 17 Uhr. Das Museum zeigt neben Schiffsmodellen Sehenswertes aus der Stadtgeschichte.

Vlissingen / **Praktische Informationen**
**Bademöglichkeiten:** im Sommer der Strand von Vlissingen oder das Schwimmbad am Baskenburgplein 2.
**Einkaufen:** im Zentrum. Für Fischliebhaber ein Paradies. Man sollte auch die Fischversteigerungen nicht auslassen.
**Essen und Trinken:** „Gevangentoren", Boulevard de Ruyter 1a. „Noordzee", Beursplein 1. Beides sehr gute Lokale, aber nicht gerade billig.
**Kino:** Alhambra Theaters, C. Buskenstraat 14.
**Unterkunft:** „Piccard", Badhuisstraat 178, NL-4382 AR Vlissingen, Tel. 0 11 84/1 35 51, „Britannia", Boulevard Evertsen 224, NL-4382 AD Vlissinge, Tel. 0 11 84/1 22 97, sind Hotels, die man ohne Bedenken empfehlenkann. Hunde sind jedoch in allen drei Häusern unerwünscht. Jugendherberge „De Scheldestroom", Breewaterstraat 14, Tel. 0 11 84/1 33 62. Privatquartiere besorgt man am sichersten über den VVV.
Camping: „De Nolle", Woelderenlaan 1, NL-4382 CL Vlissingen, Tel. 0 11 84/ 1 43 71. Etwas westlich von Vlissingen in Koudekerk „Camping De Duinzicht", Strandweg 7, NL-4371 PK Koudekerk, Tel. 0 11 85/13 97. „Dishoek", Dishoek 2, NL-4371 NT Koudekerk, Tel. 0 11 85/13 48.
**Verkehrsverbindungen:** Autobahn A 58. Bahnhof, Busse und Fähre nach Breskens.
**Wichtige Adressen:** Polizei, Molenstraat 1, Tel. 0 11 84/1 50 50.
Post, Stadhuisplein 16, Tel. 0 11 84/1 75 10.
VVV, Walstraat 91, NL-4381 GG Vlissingen, Tel. 0 11 84/1 23 45.

# Vrouwenpolder

Vrouwenpolder liegt am Deich, der das Veerse Meer von der Nordsee trennt. Der Ort ist sehr klein, mit nur knapp 1000 Einwohnern, aber durch seine Lage von Wassersportlern und Anglern sehr geschätzt. Angelscheine gibt es im Postamt am Eingang des Ortes. Essen kann man im „Resto Vrouwenpolder", Veersegatdam 81, NL-4354 ND Vrouwenpolder, Tel. 0 11 89/19 00. Für den kleinen Hunger und für zwischendurch gibt es die Frittenbuden am Damm.

Camping: „De Zandput", Vroondijk 9, NL-4354 NN Vrouwenpolder, Tel. 0 11 89/ 16 51. „Oranjezon", NL-4354 KD Vrouwenpolder, Tel. 0 11 89/15 49; der Platz liegt vom Dorf aus 3 km in Richtung Oostkapelle.
Auskunft: VVV, Dorpsdijk 19, NL-4354 AA Vrouwenpolder, Tel. 0 11 89/15 77.

**Währung** → *Geld*

## Westkapelle
Westkapelle ist ein kleiner Badeort auf Walcheren, unweit von Domburg. Als erste entdeckt haben vor einigen hundert Jahren die Normannen diesen Ort, der heute ein attraktiver Familienbadeort ist.
Eine Besonderheit ist der Leuchtturm des Ortes. Ursprünglich ein Kirchturm, wurde er zum Leuchtturm umfunktioniert.
**Essen und Trinken:** „Badmotel Westkapelle", Grindweg 2.
**Unterkunft:** etwa 3 km südlich „Zuiderhuin", De Bucksweg 2, NL-4361 SM Westkapelle, Tel. 0 11 86/ 18 10. Camping „'t Hoekje", Joossesweg 2, NL-4361 BV Westkapelle, Tel. 0 11 87/ 17 98. Auskunft auch über Privatquartiere: VVV, Markt 69a, NL-4361 AE Westkapelle, Tel. 0 11 87/ 12 81.

## Wirtschaft
Ungefähr 54 % der niederländischen, arbeitenden Bevölkerung ist im Dienstleistungssektor beschäftigt. 40 % in der Industrie, und 6 % leben von Ackerbau und Fischerei. Ca. 70 % des Exportes besteht aus Industriegütern. Die größten Unternehmen sind: Philips, Unilever, Shell, Fokker und Akzo. Mit anderen Worten, die Niederlande sind ein hochentwickeltes Industrieland, auch wenn die Fremdenverkehrswerbung – aus verständlichen Gründen – ein anderes Bild vermitteln möchte. Die niederländische Handelsflotte umfaßt rund 5 Millionen Bruttoregistertonnen. Der Rotterdamer Hafen hat den höchsten Umschlag der Welt. 47 % des nationalen Bruttoaufkommens werden aus dem Export (Erdgas und Industriegüter von hoher Qualität sowie Agrarprodukte) gedeckt. Zusammen mit dem Aufkommen aus Dienstleistungen und Kapitalverkehr können die Niederlande damit ihre hohen Importkosten decken, da das Land nicht über ausreichende Bodenschätze verfügt. Groß ist auch der Anteil ausländischer Unternehmen an der niederländischen Industrie.

## Zandvoort
Der Badeort Zandvoort, südwestlich von Haarlem, bietet drei Besonderheiten: den Strand, das Casino und den Dünencircuit.
Sehenswert ist der 60 m hohe Aussichtsturm mit Restaurant. Von hier aus hat man einen guten Überblick über das gesamte Geschehen. Ebenfalls lohnend: die Delphinshow im „Delphirama Bouwes", Burgemeester van Fenemaplein.

## Zandvoort / **Praktische Informationen**
**Ärztliche Versorgung:** Das nächste Krankenhaus ist in Haarlem. Fachärzte gibt es am Ort.
**Einkaufen:** Burg. Engelbertsstraat. Im Sommer sind die Geschäfte bis 22 Uhr geöffnet. Auch an Sonntagen.
**Essen und Trinken:** „Queenie", Kerkplein. „La Reine", Kerkstraat. „Meerpaal", Haltestraat 61. „Duivenvoorden", Haltestraat 49. „Bella Italia", Haltestraat 46 (italienisch). Alle Restaurants sind chic oder geben sich so. Entsprechend sind auch die Preise. Billiger und manchmal sicher schmackhafter sind die zahlreichen Fritten- und Fischbuden am Strand. Aber auch sie haben sich den „Zandvoorter-Preisen" angepaßt.
**Theater:** In Zandvoort gibt es das einzige Kabarett der Niederlande an der Küste.
**Unterkunft:** Zandvoort ist voll auf Tourismus eingestellt, und wer hier Urlaub machen möchte, sollte sich beizeiten um eine Unterkunft bemühen. Die Auswahl reicht von der umgebauten Garage für 1200 HFL pro Woche bis zum Luxushotel für 200 HFL pro Nacht, z.B. Hotel „Bouwes", Badhuisplein 7, Tel. 0 25 07/ 1 21 44. Dafür liegt das Haus aber auch gleich neben dem Casino und nur wenige Meter vom Strand entfernt. Preiswerter übernachtet man dagegen im Hotel „Noordzee", Hogeweg 15, Tel. 0 25 07/ 1 31 27. Zwei Personen bezahlen für eine Nacht 70 HFL und bekommen auch noch das Frühstück aufs Zimmer gebracht.
Die Hotels „Hoogland", Boulevard Paulus Loot 5, Tel. 0 25 07/ 1 55 41, und „Zuiderbad", Westparkstraat 5, Tel. 0 25 07/ 1 26 13, liegen preislich in der Mitte.
**Verkehrsverbindungen:** Anschluß an die A 9 bei Haarlem. Bahnhof. Busse.
**Wichtige Adressen:** Polizei, Burg. van Alphenstraat.
Post, Louis Davidsstraat.
VVV, Schoolplein 1, NL-2042 VD Zandvoort, Tel. 0 25 07/ 1 79 47.
**Sonstiges:** Zandvoort verfügt über einen offiziellen FKK-Strand: südlich von Zandvoort zwischen Pfahl 97 und 98. Das Casino von Zandvoort befindet sich am Badhuisplein 7. Korrekte Kleidung ist vorgeschrieben. Das Mindestalter beträgt 18 Jahre. Ausweise werden kontrolliert. Das Casino ist geöffnet von 14 – 2 Uhr. Man erhält Tages-, Monats- und Jahreskarten.

# Zeist

Zeist ist ein kleiner Ort mit knapp 60 000 Einwohnern am Westrand der waldreichen Utrechter Moränenhügel. Die Stadt ist Zentrum der niederländischen Herrnhuter Brüdergemeine, eine aus dem Pietismus hervorgegangene Religionsgemeinschaft, die in ihrer Gemeindeordnung die urchristliche Brüderlichkeit verwirklichen will. Ausgangspunkt war 1772 das Gut Berthelshofen in der

*Zeist*

Oberlausitz, Sitz des Grafen Zinzendorf. Von hier aus verteilten die Herrnhuter Brüder sich über die ganze Welt.

Sehenswert ist das *Zeister Schloß,* das heute ein Kulturzentrum darstellt. Führungen in den Monaten Juni bis Ende August Montag bis Freitag von 10.30 bis 14.30 Uhr. Samstag und Sonntag von 14.30 – 16 Uhr. In den übrigen Monaten kann das Schloß nur an Samstagen und Sonntagen zu den oben angegebenen Zeiten besichtigt werden. 1677 erwarb Willem Adriaan van Nassau-Odijk das verfallene Rittergut Zeist und ließ es durch ein neues Schloß ersetzen, das 1686 fertiggestellt war. 1746 erwarb es ein Mitglied der Herrnhuter Brüdergemeine und verkaufte es 1767 einer Tochter des Reichsgrafen Nikolaus Ludwig von Zinzendorff, den Gründer der Brüdergemeine. 1924 wurde das Schloß wieder von der Gemeinde Zeist erworben und total restauriert. Seit 1973 ist es neben Kultur- und Kongreßzentrum auch Sitz des Niederländischen Amtes für Denkmalschutz.

## Zeist / **Praktische Informationen**
**Einkaufen:** im Zentrum.

**Essen und Trinken:** „De Hoefslag", Vossenlaan 28, NL-3735 KN Bosch en Duin, Tel. 0 30/78 43 95. Das Haus zählt zu den ersten Adressen in den Niederlanden.

**Unterkunft:** Ein sehr komfortables Haus mit entsprechenden Preisen ist „Figi en Restaurant Ronderie", Het Rond 3, NL-3701 HS Zeist, Tel. 0 34 04/1 72 11. „Hermitage en Restaurant La Fine Fleur", Het Rond 7, NL-3701 HS Zeist, Tel. 0 34 04/2 44 14; das Haus liegt nur einige Meter neben dem „Figi", hat nicht dessen Tradition, ist aber dafür noch etwas teurer: 80 HFL bezahlt man für ein Einzelzimmer pro Nacht.

Der Campingplatz „Dijnselhoek" hat einen extra Platz nur für Touristen, direkt neben dem Schwimmbad.

**Verkehrsverbindungen:** Anschlüsse an die A 28 Amersfoort–Utrecht und an die A 12 Arnhem–Utrecht. Bahnhof, öffentlicher Nahverkehr.

**Wichtige Adressen:** Polizei, Utrechtseweg 141, Tel. 0 34 04/1 88 88.
Post, Het Rond 6, Tel. 0 34 04/2 32 44.
VVV, Steylaan 19a, NL-3701 EA Zeist, Tel. 0 34 04/1 91 64 und 1 82 77.

Sonstiges: In Bosch en Duin gibt es einen 18-Loch-Golfplatz, allerdings nur für Mitglieder, Amersfoortseweg 1, Tel. 0 34 04/5 52 23. Östlich von Zeist liegt Austerlitz, ein Gedenkplatz mit einer Pyramide, die an Napoleon erinnern soll. Nur wenige Kilometer nordwestlich von Zeist liegen die Orte *Bilthoven* und *De Bilt,* Sitz der K.N.M.I., des Königlich Niederländisch meteorologischen Instituts. Zeist ist ein lohnendes Ausflugsziel wegen seiner Burgen, Schlösser und schönen Landsitze. Eine kleine Liste rund um Zeist. „Huis te Maan", „Kasteel Maarsbergen", „Kasteel Moersbergen", „Broekhuizen", „Kasteel Beverweerd", „Sandenburg", „Wickenburg", „Kasteel Scherpenzeel", „Kasteel Geerestein", „Kasteel Renswoude" und „Haus Doorn", wo der letzte deutsche Kaiser Wilhelm II bis 1941 lebte, nachdem er das Haus 1920 erworben hatte. Er starb am 4. Juni 1941 und wurde im Park des Hauses beigesetzt. Seit 1945 ist das Haus wieder im Besitz des niederländischen Staates. Einen Teil der Möbel aus Berlin und Potsdam hatte Wilhelm II. mit nach Doorn genommen, vor allem solche Objekte, die an Verbindungen zwischen den Hohenzollern und dem Haus Oranje-Nassau erinnerten. Das Haus ist für Besucher geöffnet von Mitte März bis zum 1. November Dienstag bis Samstag in der Zeit von 9.30 – 17 Uhr und Sonntag von 13 – 17 Uhr. Zu finden in Doorn, Langebroekerweg 10.

## Zeit
MEZ. Sommerzeit von März bis September.

## Zeitungen
Deutschsprachige Zeitungen und Zeitschriften sind fast überall in den Niederlanden erhältlich. In Ferienorten gibt es Buchhandlungen und Supermärkte, die eine Auswahl an deutscher Literatur führen; in den größeren Städten auch im Buchhandel.

## Zierikzee
Zierikzee ist der kulturelle und wirtschaftliche Mittelpunkt von Schouwen-Duiveland, End- oder Anfangspunkt der etwa 5 km langen Zeelandbrücke. Der Stadtkern stammt aus dem 16. Jahrhundert. Der Ort mit rund 8000 Einwohnern besteht bereits seit dem 9. Jahrhundert und lebte vor allem von der Salzgewinnung. 1248 erhielt Zierikzee Stadtrechte und war lange Zeit Sitz des zeeländischen Gerichtshofs östlich der Schelde, was dem Ort die Funktion einer Hauptstadt verlieh. Von den ursprünglich sechs Stadttoren sind nur noch drei erhalten: die Nobelpoort, die Zuidhavenpoort und die Noordhavenpoort. Am bekanntesten ist die Zuidhavenpoort mit der weißen Zugbrücke. In Zierikzee stehen etwa 600 Gebäude unter Denkmalschutz.

### Zierikzee / **Sehenswürdigkeiten**
Das *Stadhuis*, Meelstraat mit dem achteckigen Turm der ehemaligen Fleischhalle. Im Rathaus befindet sich die Gerichtshalle. Das *Huis Rome*, das frühere Münzamt, Meelstraat, und schräg gegenüber das *Tempeliershaus*. Die *Nieuwe Kerk*, die an der Stelle des abgebrannten St. Lievensmünster steht. In der Nähe des Kirchturms eine *Zisterne*, der sogenannte Varreput, die von den Tuchherstellern der Stadt zum Spülen der frischgefärbten Tücher benutzt wurde. Neben Salz wurde in Zierikzee Krapp gewonnen. Krapp ist eine Pflanze, aus der man roten Farbstoff gewinnen kann.

*Zierikzee*

## Zierikzee / **Museen**
Das *Schiffahrtsmuseum* in der Noordhavenpoort, geöffnet von Mitte Juni bis Mitte August von Montag bis Freitag von 10 – 17 Uhr. *Museum im Stadhuis*, geöffnet von Mai bis Anfang Oktober von Montag bis Freitag in der Zeit von 10 – 12 und 13.30 – 16.30 Uhr. Am Fuß der Zeelandbrücke liegt ein altes *Dampfschiff*, das man täglich von 9 – 21 Uhr besichtigen kann. *Burger Weeshuis*, Poststraat 45; hier finden im Sommer Kunstausstellungen im Freien statt, und zwar von Ende Juni bis Ende Juli von 10 – 17 Uhr oder auf Anfrage, Tel. 0 11 10/26 83.

## Zierikzee / **Praktische Informationen**
**Bademöglichkeiten:** Nordsee. Hallenbad in der Nähe der Julianastraat.
**Einkaufen:** im Zentrum. Nicht versäumen sollte man den Wochenmarkt am Donnerstag im Stadtzentrum.
**Essen und Trinken:** Im „Mondragon", Oude Haven 13, und „Poorthuys", Havenplein, gibt es leckere Gerichte ab 25 HFL.
**Unterkunft:** „Mondragon", Havenpark 21, NL-43001 JG Zierikzee, Tel. 0 11 10/30 51, ein kleines Hotel mit nur 9 Zimmern. Das Hotel „Monique", Diekoningenlaan 7, NL-4301 HK Zierikzee, Tel. 0 11 10/23 23, verfügt über 14 Zimmer mit zivilen Preisen, 65 HFL fürs Einzelzimmer. Etwa 4 km nördlich von Zierikzee liegt das Hotel „Schuddebeurs", Donkereweg 35, NL-4317 Schuddebeurs, Tel. 0 11 10/5 65 11, sehr gut, aber auch sehr teuer.
Camping: „Zierikzee", Grote Zelkeweg 10, NL-4301 NJ Zierikzee, Tel. 0 11 10/28 46 und 37 16. „De Vier Bannen", Weg van de buitenlandse Pers 1 A, NL-4305 RJ Ouwerkerk, Tel. 0 11 14/20 44; der Platz liegt im Kreken-Naturgebiet an der Oosterschelde, östlich von Zierikzee.
**Verkehrsverbindungen:** Anschluß an die Autobahn A 29 Rotterdam. Der nächste Bahnhof befindet sich in Goes. Busverkehr mit den anderen Orten von Schouwen-Duiveland.
**Wichtige Adressen:** Polizei, gegenüber dem Friedhof (Kerkhof).
Post, Poststraat.
VVV, Havenpark 29, NL-4301 JP Zierikzee, Tel. 0 11 10/24 50.
**Sonstiges:** Jachthafen. Ausflug zur Delta Expo in *Stellendam*, etwa 30 km nördlich, Anfahrt am besten über den Brouwersdam, geöffnet von April bis Mitte Oktober täglich von 10 – 17 Uhr. Film- und Diavorträge informieren sachkundig und ausgiebig über das Projekt Delta-Plan. Besichtigung des Schleuseninneren und Modell der Haringvliet-Schleuse. Am Fuß des Brouwersdam, in Scharendijke, sollte man das „Dolfirodam" besuchen, ein schwimmendes Stadion mit einer Delpin- und Seelöwenshow.
Im Juli und August gibt es in Zierikzee sogenannte Touristentage. Informationen darüber beim VVV.
Weitere sehenswerte Orte auf Schouwen-Duiveland: *Brouwershaven:* Das Hafenstädtchen an der Grevelingen entstand im 13. Jahrhundert und war Vorhafen

und Stapelplatz für und von Rotterdam. So recht zur Blüte ist es jedoch durch die Konkurrenz von Zierikzee nie gekommen. Heute liegt der Hafen mitten in der Stadt direkt vor dem Rathaus. Sehenswert sind noch die Mühle am *Krabbendijk* und die riesige holländisch-reformierte *Niclaaskerk*. Essen und Trinken: „La Moustache", Haven N.Z. 9. „De Brouwerie", Molenstraat 31. Campingplatz: „Den Osse", Blankersweg 4, NL-4318 TV Brouwershaven, Tel. 0 11 19/15 13. Auskunft: VVV, Kromwal 1, NL-4318 EJ Brouwershaven, Tel. 0 11 19/3 14.

Etwas westlich von Brouwershaven liegt der kleine Ort *Scharendijke*, deshalb interessant, weil man hier die Wahl zwischen dem Salzwasser der Nordsee und dem Süßwasser des Grevelinger Meers hat. *Burgh-Haamstede* hat einen schönen, breiten Strand zu bieten, das Schloß von Haamstede aus dem 16. Jahrhundert (Führungen finden von Mitte Juni bis Mitte August jeden Donnerstag halbstündlich von 10 – 12 Uhr statt. Karten kann man beim VVV besorgen) und den „Plompe Toren", der als einziger an die versunkenen Dörfer erinnert. Essen und Trinken: „Haamstede", Hogezoom 1. Unterkunft: „Hotel Bom", Noordstraat 2, NL-4328 Haamstede, Tel. 0 11 15/22 29. Camping: „De Duinhoeve", Jonge Jan Boeyesweg 62, NL-4328 HC Haamstede, Tel. 0 11 15/15 62; ein sehr schöner Platz direkt an den Dünen. „Euroasecamping 't Zeepe", Hogeweg 44, NL-4328 PG Burgh-Haamstede, Tel. 0 11 15/16 98; ein ruhiger Platz in der Nähe eines Bungalowparks. „Ginsterveld", J.J. Boeijesweg 45, NL-4328 HA Burgh-Haamstede, Tel. 0 11 15/15 90; einige Standplätze haben eine eigene Toilette. „Rozenhof", Hogeweg 26, NL-4328 PD Burgh-Haamstede, Tel. 0 11 15/13 28. „Groenewoud", Groenewoudsweg 18, NL-4328 GW Burgh-Haamstede; kein Telefon. Wenn man aus dem Ort in Richtung Leuchtturm fährt, liegt der Platz auf der linken Seite.

Auskunft und Information: VVV, Noordstraat 45 a, NL-4328 AK Haamstede, Tel. 0 11 15/15 13.

# Zoll

Waffen aller Art dürfen nicht eingeführt werden, auch keine Imitationen aus Holz oder Plastik. Für Autotelefon, CB-Funk oder Funksprechgeräte braucht man eine Genehmigung. Größere Reparaturen am Auto, z.B. neuer Motor, müssen an der Grenze angemeldet werden. Blumenzwiebeln und Pflanzen dürfen nur mit einem Gesundheitszertifikat ausgeführt werden. Risikoloser ist es, sich Saatgut oder Zwiebeln schicken zu lassen. Ausgeführt werden dürfen Reiseandenken bis zu einem Wert von 600 DM für Reisende aus EG-Staaten, ca. 120 DM für Reisende aus Nicht-EG-Staaten (in Gulden ca. 700 HFL oder 125 HFL). Zigaretten (Personen über 18 Jahre) 300 Stück (200 Stück) oder 1 1/2 bzw. 1 Stange(n) pro Person. Zigarren: 75 (50) Stück, Tabak 400 (250) Gramm, Zigarillos 150 (100) Stück. Will man von jedem etwas mitnehmen, muß die Menge reduziert werden. Kaffee pro Person 1 1/2 (1) Pfund, Tee 150 (100) Gramm. Informationen über andere aktuelle Ein- und Ausfuhrbestimmungen geben die Automobilclubs. Videogeräte müssen bei der Einfuhr deklariert werden. Die Mitnahme der Rechnung ist empfehlenswert, da eine Zollkaution von 18 % erhoben werden kann.

## Zoutelande

Von Zoutelande, der Riviera Zeelands, aus hat man einen guten Überblick über den regen Schiffsverkehr auf der Westerschelde. Die Kirche stammt aus dem 14. Jahrhundert. Essen und Trinken sowie eine Unterkunft bekommt man in der „Distel", Westkapelseweg 1, NL-4374 BA Zoutelande, Tel. 0 11 86/12 10, oder bei „Willebrord", Smidstraat 17, NL-4374 AT Zoutelande, Tel. 0 11 86/12 15. Camping: „Weltevreden", Melseweg 1, NL-4374 NG Zoutelande, Tel. 0 11 86/13 21. „De Meerpaal", Duinweg 133, NL-4374 ED Zoutelande, Tel. 0 11 86/13 00; der Platz liegt nah am Strand. Rechtzeitige Buchung ist anzuraten. Weitere Plätze findet man in Richtung Vlissingen bei Koudekerk (→ *Vlissingen*). Informationen über Zoutelande: VVV, Oststraat 19, NL-4374 AE Zoutelande, Tel. 0 11 86/13 64 (November und Dezember geschlossen).

**Zuiderzeemuseum** → *Enkhuizen*

## Zwolle

Zwolle, Hauptstadt der Provinz Overijssel mit ca. 80 000 Einwohnern, liegt am Zwarte Water. Erstmals 1040 erwähnt, gehörte die Stadt von 1407 bis 1604 der Hanse an. Zwolle war Mittelpunkt der Devotio Moderna, einer geistigen Laienbewegung, die von Geert Groote (→ *Deventer*) ins Leben gerufen wurde. Verbreitung fand die Bewegung vor allem durch die Schrift „Die Nachfolge Christi" (1427) von Thomas von Kempen, die besonderen Einfluß auf Ignatius von Loyola, den Begründer des Jesuitenordens, ausübte. 1572 schlug sich Zwolle auf die Seite Wilhelms von Oranien.

### Zwolle / **Sehenswürdigkeiten**

*Raadhuis*, Grote Kerkplein; das Rathaus ist aus drei mittelalterlichen Häusern zusammengesetzt, die 1821 mit einer Fassade verblendet wurden. *Onze Lieve Vrouwekerk*, der kuppelförmige Abschluß gab ihr den Namen „Peperbus", auf deutsch Pfefferbüchse. *Grote* oder *St. Michaelskerk*, eine gotische Hallenkirche, beherbergt eine berühmte Orgel, die 1719 von Johan Georg und Franz Caspar Schnitger aus Hamburg gefertigt wurde.

### Zwolle / **Museen**

*Provinciaal Overijssels Museum*, Melkmarkt 41, geöffnet Montag bis Samstag von 10 – 17 Uhr und Sonntag von 14 – 17 Uhr. *Molenmuseum de Passiebloem*,

Vondelkade, geöffnet von Mai bis Oktober Montag bis Freitag von 10 – 17 Uhr; Ausstellung über alte Handwerkskunst

## Zwolle / **Praktische Informationen**
**Ärztliche Versorgung:** Krankenhaus an der Ceintuurbaan.
**Autovermietung:** Hertz, Ceintuurbaan 3, Tel. 0 38/54 04 60. InterRent, Voltastraat 1, Tel. 0 38/21 67 89.
**Bademöglichkeiten:** Im Sommer kann man schnell ans Veluwe Meer nach Harderwijk fahren. Ein Freibad gibt es an der Brederostraat, ein Hallenbad, „Aalanden", am Middelweg.
**Einkaufen:** im Zentrum um Melkmarkt und Diezerstraat. Im Stadtkern, der ganz von der Stadsgracht eingeschlossen wird, gibt es nur drei größere Parkplätze. Am besten, man parkt sein Auto am Friese Wal, an der Willemskade oder am Zamenhofsingel. Wochenmärkte finden am Dienstag von 13 – 17 Uhr in Holtenbroek und Freitag und Samstag von 8.30 – 14 Uhr, bzw. von 9 – 17 Uhr statt. Viele Marktfrauen tragen noch ihre alten Trachten. Mitte Oktober ist Kälber- und Rindermarkt. In Raalte, südöstlich von Zwolle, besucht man in der Zeit von Ende Juni bis zum 25. August den Folkloristischen Markt auf dem Plein de Plas (jeden Mittwoch).
**Essen und Trinken:** Billig und preiswert ab 6 HFL ißt man in „De Sassenpoort", Sassenstraat 54. Hier trifft man vor allem junge Leute. Ein Touristenmenü mit drei Gängen ab 16 HFL kann man im „Postiljon Motel", Hertsebergweg 1 zu sich nehmen.
**Theater/Kino:** Theater de Buitensocieteit, Stationsweg 4. Papenstraat Theater, Papenstraat 9.
**Unterkunft:** „Wientjes", Stationsweg 7, NL-8011 CZ Zwolle, Tel. 0 38/21 12 00. „Postiljoen Motel Zwolle", Herstenbergweg 1, NL-8041 BA Zwolle, Tel. 0 38/21 60 31. „Sleep-in", Fiese Wal 10 (offen von Juni bis Ende August).
Jugendherberge südwestlich von Zwolle bei Oldenbroek, am Rand des Truppenübungsplatzes: Jugendherberge N.B.A.S. Bondshuis, Bovendwarsweg 83, Tel. 0 52 55/13 35. Camping: „De Agnietenberg", Haesterveerweg 23, NL-8034 PJ Zwolle, Tel. 0 38/53 15 30.
**Verkehrsverbindungen:** Autobahnanschlüsse an die A 50 und A 28. Direkte Bahnverbindung mit Utrecht. Der Bahnhof liegt an der Westerlaan. Direkt gegenüber dem Stationsplein gibt es einen großen Parkplatz. Ebenfalls auf dem Stationsplein Busse und Taxen.
**Wichtige Adressen:** Notruf: 0 38/97 12 34. Polizei, Groot Wezenland 29 a, Tel. 0 38/21 05 22. Post, Westerlaan 51, Tel. 0 38/99 69 11. VVV, Grote Kerkplein 14, NL-8011 PK Zwolle, Tel. 0 38/21 39 00. ANWB, Tesselschadestraat 155.
**Sonstiges:** Im September Jazz-Festival. Auskunft über VVV oder Niederländisches Fremdenverkehrsbüro.

Südlich von Zwolle liegt das ehemalige Hansestädtchen *Hattem*. Hier befindet sich das Geburtshaus des Generals Herman Willem Daendels. Er war maßgeblich am Zustandekommen der Batavischen Republik beteiligt und Generalgouverneur von Niederländisch-Indien. Das Heimatmuseum in der Achterstraat 48, geöffnet von Dienstag bis Freitag 9.30 – 12 und 14 – 16.30 Uhr, zeigt vor allem Trachten und Geschichtliches aus der Stadt.
Südöstlich von Zwolle, bei dem Dorf *Heino*, befindet sich „Het Nijenhuis", in dem die Sammlung Hannema-De Steurs ausgestellt ist. Die Sammlung umfaßt Möbel, Gemälde, Skulpturen und orientalische Keramik.
Das Naherholungsgebiet *Elburg*, nach dem gleichnamigen Dörfchen, südwestlich von Zwolle an der ehemaligen Zuiderzee, bietet neben alten Gassen einen Jachthafen, Badebetrieb und ein Fischereimuseum, geöffnet von Mitte Juni bis Mitte September montags bis freitags von 9 – 12 und 14 – 16.30 Uhr.

# Informative Reiseführer für wenig Geld

Weitere Bücher aus der Serie *„Nützliche Reisetips von A–Z"*:

- Jugoslawien (Adria)
- Kreta
- Malta
- Mykonos, Tinos, Delos
- Nordgriechenland
- Paros, Naxos
- Peloponnes
- Portugal
- Provence
- Niederlande
- Santorin, Ios
- Skiathos, Skopelos, Skiros
- Türkei (Ägäis)
- Türkei (Kappadokien)
- Türkei (Mittelmeer)
- Türkei (Ostanatolien)
- Türkei (Schwarzmeer)
- Tunesien
- Zypern

jeder Band mit Farbfotos, jeweils nur 9,80 DM

Fragen Sie Ihren Buchhändler nach Reiseführern aus der Serie *„Nützliche Reisetips von A–Z"*

**Hayit Verlag**
Hansaring 84-86, 5000 Köln 1